CERTIFICADOS DE CALIDAD

VIRGINIA CARABALLO

LAURA BUIL

SERGIO CARDONA

EDITATUM

Primera edición: Febrero de 2018

ISBN: 978-84-946457-7-8

Depósito legal: M-5044-2018

Impreso en España/ Printed in Spain

Agradecimientos

VIRGINIA CARABALLO

A mi familia y amigos que me han dado el mayor currículum con las mejores experiencias posibles. Este libro no hubiera sido posible sin la ayuda de mis compañeros Laura Buil, Sergio Cardona y Juan Diego García cuya profesionalidad, interés y dedicación han marcado este proyecto, aportando todos sus conocimientos para ponerlos en manos del lector. También al Grupo Enacom, que ha confiado en mí en cada etapa de mi carrera profesional con ellos.

LAURA BUIL

A Anexia Consultoría, por confiar en nosotros y elegirnos para desarrollar este libro. A todos los clientes de Anexia Consultoría, que durante años han confiado en nosotros y nos han facilitado acceder a lo más profundo de sus empresas para el desarrollo de proyectos de consultoría y auditoría.

SERGIO CARDONA

A mis padres y hermanos, las personas que me educaron en el valor del esfuerzo y el trabajo.

Sobre los autores

VIRGINIA CARABALLO

Consultora de Calidad del Grupo Enacom. Licenciada en Comunicación Audiovisual desarrolla su carrera profesional en el Grupo Enacom, formándose a través de Anexia Consultoría, comienza a desarrollar labores de consultoría enfocadas a la estrategia empresarial.

LAURA BUIL

Consultora y auditora de Anexia Consultoría. Licenciada en Ciencias Ambientales, con un Máster en Sistemas de Gestión de Calidad, Medio Ambiente, Prevención de Riesgos labores y Responsabilidad Social Corporativa. Involucrada desde los comienzos de su carrera laboral en la calidad de las empresas.

SERGIO CARDONA

Director de Estudios y Calidad del Grupo ENACOM. Licenciado en Ciencias Ambientales y máster en Dirección General de Empresas. Dirige el departamento de Calidad de las distintas empresas del grupo ENACOM y coordina la realización y presentación de múltiples estudios de mercado.

Índice

Introducción 11

¿Qué es un certificado de calidad? 13

Certifica tu organización ¿Qué ventajas obtienes? 28

¿Que profesiones me pueden ayudar? 33

¡Ojo!, transición de normas ¿Miedo al cambio? 49

¿Cómo obtener un certificado de calidad? 63

Auditoría de certificación ¿Qué va a pasar? 105

Ya tengo mi certificado de Calidad 122

Anexo 129

Introducción

¿Qué es un sistema de gestión de calidad? ¿Por qué están de moda los certificados de calidad? ¿Qué es eso de la ISO? ¿Dónde se compra esto? ¿Es solo para grandes empresas, o un negocio pequeño puede tener un certificado de calidad?

En las próximas páginas resolveremos todas estas dudas, con casos prácticos, con un lenguaje accesible para que cualquier negocio, autónomo o ciudadano, pueda entender los conceptos básicos que engloban la Calidad en nuestra sociedad y sus beneficios en el mercado actual.

Un certificado de calidad no es un simple papel que se enmarca para que lo vean los clientes, es un propósito de mejora continua que ayudará a nuestra empresa a tener mejores resultados y conseguir que nuestros clientes estén contentos.

En la actualidad, tener dicho certificado marca la diferencia respecto de la competencia, por eso muchas empresas se certifican como factor diferenciador en el mercado, como una estrategia.

Los certificados los emite una entidad acreditada, para conseguirlos, se debe cumplir con los estándares normativos establecidos, que se desarrollarán más adelante.

Dicho cumplimiento y el enfoque a la mejora continua nos ayudará a optimizar los procesos y los servicios o productos que ofrecemos. Para ello debemos contar con profesionales expertos que nos guíen en estos procesos.

Existen multitud de certificados de diferente índole, los más conocidos son los relacionados con los sistemas de gestión de la calidad ISO 9001. ISO son las siglas de la Organización Internacional de Normalización, que elabora las diferentes normas para regular que toda empresa o entidad cumpla con los mismos requisitos.

Se trata de una filosofía, una estrategia que nos ayudará a organizar nuestro modelo de negocio u organización, para obtener mejores resultados sin perder la esencia e identidad, otorgándole valor a nuestro producto o servicio.

Esta filosofía solo será posible con la implicación de todas las partes, desde los empleados hasta la dirección, han de participar a través de una mentalidad de mejora continua y excelencia en cada proceso.

Cualquier empresa, organización, institución, etc., puede optar a la certificación de calidad.

Para comprender esta filosofía que llamamos "Calidad Total", comencemos por el principio...

¿Qué es un certificado de calidad?

Es el documento que emite una entidad certificadora acreditada, tras la realización de una auditoría, que afirma que un producto o servicio cumple con lo establecido en una norma, garantizando la calidad y procesos de mejora de dicho producto o servicio.

La parte más importante de esta definición es la garantía de la calidad y los procesos de mejora. ¿Por qué? Porque, aunque el Certificado es el fin más visible, el valor real y el objetivo que toda organización debe tener al implantar un Sistema de Gestión es establecer los criterios o protocolos básicos para mantener la calidad en todos sus procesos y productos, garantizando la continuidad del negocio con la filosofía de mejora y superación.

El concepto de "Calidad Total"

A lo largo del desarrollo de la Humanidad, las diferentes corrientes se detienen en dos aspectos esenciales de la calidad:

Uno es la **calidad como un control, una inspección** del producto o servicio, velando que responden a unas determinadas características.

Otro aspecto es la calidad del producto o servicio con el **objetivo de cubrir las necesidades del cliente**, garantizando unos niveles de satisfacción.

La Calidad Total engloba estos aspectos, añadiendo el factor de mejora continua, en el que se revisan todos los procesos, implicando a todos los miembros de la organización, liderados por la dirección, a través de un compromiso de superación para satisfacer y aumentar las expectativas del cliente.

A continuación, explicaremos cómo se ha llegado a esta forma de pensar:

Antecedentes históricos del proceso de calidad

Desde la prehistoria, el hombre ya se empieza a fijar en la calidad de los utensilios que realizaba. De modo que, desde que el hombre es sapiens, siempre ha querido mejorar y desarrollarse a través de las primeras Eras.

Esta regulación de la calidad se concreta cuando se empieza a "profesionalizar" la producción artesana con la creación de los gremios en el medievo. Se establecen los primeros estándares según oficios, ya fueran de medida, de manufactura o incluso de salarios.

La preocupación inicial será el ahorro en tiempos y costes, marcados por un ritmo de producción frenético, debido a un sistema capitalista que produce bienes en masa, sin preocuparse por la formación o la calidad de los procesos, ni siquiera por el trabajador.

Según se desarrolla la revolución industrial las prioridades irán cambiando, preocupándose por el modelo de producción y la expansión del mercado, la manufactura y diversificación, y finalmente, por la satisfacción del cliente y la calidad, como la conocemos ahora, enarbolando la bandera de "el cliente siempre tiene la razón".

Pero antes de llegar a la actualidad, haremos unas breves paradas en la máquina del tiempo.

Evolución de las diferentes corrientes en la Industrialización, que suponen el inicio de la Calidad.

Llegando a la segunda revolución industrial surgen diversas corrientes, que buscan cubrir las necesidades socioeconómicas del momento.

De las primeras corrientes es la de F. Taylor, llamada Taylorismo, que empieza a hablar de los incentivos por rendimiento a los trabajadores.

Después le sigue **Henry Ford**, creador de la marca de coches, cuya fabricación automovilística promueve una especialización del operario y un sistema de trabajo en cadena.

Muchas son las frases famosas del empresario, pero nos quedamos con una que define de manera escueta...

"Calidad significa hacer lo correcto cuando nadie está mirando."
H.FORD

Aun así, ambas vertientes abogan por **una mecanización de los trabajadores que genera una alienación de la persona**, simplificando las tareas a tal punto que un agente hace un solo movimiento durante toda su jornada laboral, por lo que cuando la situación socioeconómica cambia, los desempleados sólo saben desarrollar esa labor.

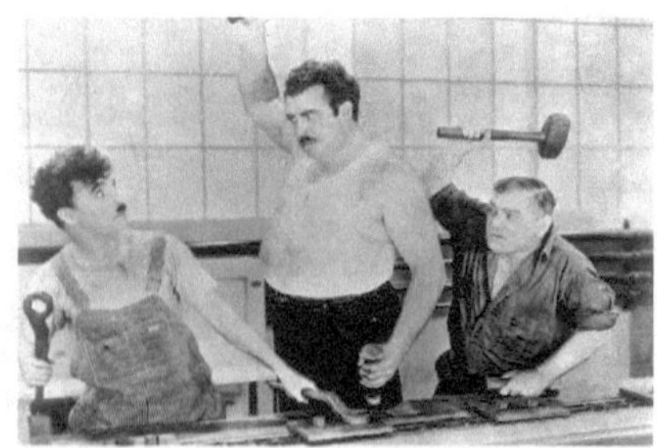

Charles Chaplin en una escena de "Tiempos Modernos"

En plena depresión llega **Keynes** al rescate, nunca mejor dicho, que revolucionará la economía introduciendo nuevos elementos que influyen de manera positiva en la reactivación del mercado. Si leyendo el periódico habéis pasado por las páginas salmón, os sonará el término de **Macroeconomía**, nacido de las bases que sentó este señor.

Básicamente sus ideas establecen una **política económica** que aumente el gasto público estimulando así la demanda y aumentando la producción, la inversión y el empleo.

Japón quedó muy atrasada en el progreso de la industria tras la guerra, para buscar una solución varios investigadores e ingenieros estadounidenses, realizaron charlas, tras lo cual muchas empresas comienzan a trabajar con el concepto de "Sistema Integral de Calidad", logrando bajos costes en la producción y un gran nivel de calidad.

Una de esas empresas es Toyoda, que cambia su nombre a la conocida marca de automóvil **Toyota**, de la cual surge el **Toyotismo**. Dicha teoría empieza a diversificar su producto, así como a sus empleados, teniendo mayor flexibilidad laboral y formando equipos de trabajo que se implican en una política de calidad de "cero fallos". Tal es así, que incluso hacen piezas defectuosas conscientemente, dado que el cliente-proveedor no llega a creer en su alta efectividad.

En el desarrollo de las teorías japonesas aparecen numerosos conceptos de calidad que se siguen usando hoy, pero destacaremos el concepto "just in time", en el que el producto llega con la calidad, cantidad y momento exigidos por demanda.

Algo tan sencillo como la frase "piensa antes de actuar", resume los sistemas de gestión de calidad, teoría presentada por **Edwards Deming con el círculo PDCA (Plan-Do-Check-Act) planificar-hacer-verificar-actuar**, que surge de un concepto ideado por Walter A. Shewhart, colega de Deming, en 1936.

Deming es uno de los ingenieros que presenta esta teoría en los años 50 en Japón, dando lugar al desarrollo de otras teorías que sientan las bases de la calidad total como la conocemos en la actualidad. Tal es la repercusión de las charlas de Edwards Deming en Japón que crearon un premio a la calidad con su nombre.

Volvemos a Occidente antes de que se nos pase otro hecho histórico en los antecedentes de la Calidad, la creación de la ISO.

Tiene lugar en Londres tras una reunión de delegados de 25 países, en el Instituto de Ingenieros Civiles. Es así como se crea una organización para facilitar la coordinación y unificación de la industria, a nivel internacional. Nos puede recordar a la figura de los gremios, pero mucho más desarrollado y con carácter mundial.

En 1926 se crea la Federación Internacional de Asociaciones Nacionales de Normalización (ISA), que interrumpe su actividad durante la Segunda Guerra Mundial. Esta asociación resurgirá el 23 de febrero de 1947 cuando se crea la ISO (International Organization for Standardization), Organización Internacional de Normalización.

Tras encontrar el equilibrio entre la producción y la calidad, se busca una manera de garantizar que el producto responda a unas especificaciones concretas de los clientes.

Para llegar a unos niveles de calidad, que casi leen la mente del cliente, se hace necesario documentar cada aspecto que pueda influir en el resultado del producto.
El modo de demostrar que se cumplen los requisitos marcados es a través de un certificado que garantice la calidad, entendiendo calidad como cumplimiento de las especificaciones del cliente y demás partes interesadas (trabajadores, proveedores, administración, inversores…), así como el cumplimiento de los requisitos marcados por la normativa de referencia, los requisitos legales y otros que la organización determine.

Así surge la primera Norma **ISO; ISO/R 1:1951** Standard reference temperature for industrial length measurements, es una norma que especifica las condiciones de temperatura para mediciones de un producto.

Muchos son los pensadores que nos hemos dejado por el camino, pero todos ellos nos llevan a la última parada de la historia de la Calidad: la "Calidad Total". El concepto de Calidad Total se ve influido por un sistema sociocultural que, unido a la tecnología, supone una revolución en los sistemas de calidad.

Hemos hablado de la calidad en EE. UU., Japón, Londres... pero ¿qué pasa con la calidad española?

En 1945 se crea el IRANOR, "Instituto de Racionalización y Normalización" que dará forma a las normas internacionales, como las procedentes de la ISO, adaptándolas al mercado nacional. No discutieron mucho para ponerle nombre a "Una norma española", UNE, trasladando el modelo de los sistemas de gestión de calidad a nuestro territorio.
Cuando España entra en la Comunidad Económica Europea, se crea AENOR, empresa privada, que retoma las gestiones de IRANOR, adaptando las normas internacionales al mercado patrio. Así desde 1986, comienza su labor de difusión de las normas UNE.

Y entonces, si los organismos que regulan la norma son privados ¿quién controla las actividades de las certificadoras?

Existe una asociación de utilidad pública llamada ENAC, Entidad Nacional de Acreditación, que vela por el buen funcionamiento, dentro y fuera de nuestras fronteras, aportando valor a las empresas que se acreditan a través de ella.

Su misión es verificar que los organismos de evaluación, como son entre otros, las entidades de certificación cumplen las normas internacionales. Por lo tanto, es un buen método para seleccionar a la certificadora que nos va a auditar, dado que, desde su web, incluso podemos ver qué certificadoras están acreditadas y en qué ámbitos.

No obstante, además de ENAC (Entidad Nacional de Acreditación) en territorio nacional, existen otros organismos con funciones similares en otros países, como UKAS (en Reino Unido), EMA (en Méjico), ANSI-ASQ (en Estados Unidos)

Otra asociación que promueve los conocimientos del control de calidad es la "AEC", Asociación Española para la Calidad creada en 1961 por empresas y profesionales, cuya función es de formación y colaboración para la difusión del conocimiento.

Hoy en día podemos decir que nuestro país se sitúa entre los primeros de Europa en la aplicación de los controles de calidad a través de las normas internacionales.

Tipos de certificados

La labor de verificación se puede llevar a cabo a través de diferentes procesos ya sea a través de la obtención de un certificado de cumplimiento de una norma, un distintivo de calidad local, una denominación de origen… todos tienen la finalidad de aportar un factor más que defina la calidad del producto o servicio.

La mayoría de las empresas que quieren certificarse en una norma concreta, lo hacen por exigencias de sus clientes, o para poder acceder a un mercado extranjero por cuestiones de regulación…, de modo que ya saben qué certificación necesitarán para poder trabajar con él. En estos casos la labor del consultor será asesorar de los cambios necesarios durante todo el proceso, para cumplir los requisitos que solicita la entidad certificadora que verifica su cumplimiento.

Sin embargo, hay casos de empresas que quieren autoevaluarse voluntariamente y no saben qué certificaciones serían las más adecuadas para aumentar la confianza con sus clientes.
Aquí es muy importante la labor del consultor, que nos podrá asesorar sobre las certificaciones más solicitadas por los clientes, y a cuáles podemos acceder, una vez haya conocido el funcionamiento de la organización y la actividad específica de la empresa.

Hay normas específicas por sectores, por actividad o por tipo de mercado, es decir, una misma empresa puede obtener varios certificados en función de la norma que decida cumplir e implantar.

La labor del consultor será ayudarnos a elegir las certificaciones que más se ajustan a nuestras necesidades y capacidades, teniendo en cuenta la actividad de la empresa, los objetivos, la planificación estratégica y el mercado al que se dirige la misma.

Cabe destacar la siguiente distinción de normas y con ello de certificados:

Las normas **ISO**, son normas desarrolladas por la Organización Internacional de Normalización, por lo que son normas internacionales.

Las normas **EN**, son normas europeas desarrolladas por el Comité Europeo de Normalización (CEN).

Las normas **UNE**, son un conjunto unificado de normas tecnológicas españolas creadas por los Comités Técnicos de Normalización (CTN)

Por ello, cuando vemos un identificador como, por ejemplo, UNE EN ISO 9001: Significa que es una norma con aplicación a nivel internacional, europeo y nacional. Aunque lo común es verse como ISO 9001, abreviando su nombre completo.

La certificación ISO 9001 es de las normas ISO más conocidas y solicitadas, dado que cualquier empresa por diferente que sea su ámbito, puede certificarse, tras cumplir con los requisitos marcados en la norma, para verificar la satisfacción del cliente y la calidad de sus procesos de gestión.

Este tipo de certificaciones aportan credibilidad a la empresa en un mercado global, como elemento diferenciador. También es un elemento básico para tener acceso a otros mercados, aparte del nacional.

Dentro de las normas ISO hay diferentes ámbitos para obtener un certificado:

Gestión de la calidad

ISO 9001 | ISO 9000 | ISO 9004. Las llamamos, en confianza, "las nueve miles", todas hacen referencia a los sistemas de gestión de la calidad, ya sea en la atención al cliente, el lenguaje marcado o las directrices que debe tomar la organización.

Todas van orientadas a revisar la calidad de los procesos de gestión. La más conocida y demandada es ISO 9001, ya que es la norma de las "nueve miles" que se certifica. Explicaremos su funcionamiento a lo largo de estas páginas con todo detalle.

Gestión ambiental

La norma ISO 14001 es la más conocida en este ámbito, se encarga de regular el cumplimiento de la legislación medioambiental, vigente en cada territorio, así como los aspectos ambientales en los que la organización con su actividad tiene impacto, entre otros.

Cualquier empresa o pequeño negocio puede certificarse en este ámbito, concienciando a todos los trabajadores, y pudiendo llegar a posibles clientes que vean este compromiso medioambiental como una ventaja frente a otras empresas.

También hay una norma que regula las emisiones contaminantes, así como el consumo responsable de la energía, Norma ISO 5001 Sistemas de Gestión Energética.

Gestión de riesgos y seguridad

Este tipo de normas regulan la seguridad y la salud en el trabajo, la accesibilidad para discapacitados a las instalaciones de la empresa, la continuidad de la empresa en momentos adversos, así como la seguridad de la información.

Los más conocidos en este ámbito son: ISO 45001 Norma Internacional de Seguridad y Salud en el Trabajo, (antigua OHSAS 18001), ISO 27001 Sistemas de Gestión de Seguridad de la Información y la norma ISO 170001 Sistemas de Gestión Accesibilidad Universal, entre otras.

Gestión sobre procesos alimentarios

La norma ISO 22000 Sistema de Gestión de la Seguridad alimentaria que estudia la trazabilidad del alimento desde que se extrae hasta que llega al consumidor.

Este tipo de normas se especializan más en regularizar que se cumpla la legislación vigente alimentaria, permitiendo que el producto cumpla los requisitos para moverse en otros mercados aparte del nacional.

Hemos hecho mención a los estándares y normas certificables más comunes, pero el abanico de posibilidades y de certificaciones es muy amplio, por lo que, si nos planteamos certificarnos, lo ideal es contactar con un Consultor de confianza que nos guie en este proceso.

Las certificaciones en España

En España estamos a la cabeza en este tipo de certificaciones. Según los últimos datos, que nos llegan a través de AENOR, España está en el top ten mundial de países con más certificados de norma ISO emitidos.

Muchos organismos públicos y marcas importantes los solicitan como requerimiento para poder trabajar con ellos. También las regulaciones europeas permiten o no el comercio de ciertos productos, según estas certificaciones.

Por estas razones es tan importante implantar los sistemas de gestión necesarios, no sólo para asegurarnos que tanto nuestro producto como los procesos son adecuados, sino para acceder al mercado y poder distinguirnos del resto, que también se están poniendo al día con este tipo de certificaciones.

Certifica tu organización. ¿Qué ventajas obtienes?

Anteriormente la **relación entre productor y consumidor era directa**, por lo que había una relación de confianza a la hora del trato y el conocimiento del origen del producto, así como sus procesos de elaboración. **El sistema actual de producción no nos permite establecer esa confianza por relación directa con el productor**, es por ello por lo que necesitamos que alguien establezca ese contacto y verifique esa confianza.

La **fiabilidad de una marca es proporcional a la garantía que ofrece** al consumidor. **La certificación es una estupenda herramienta comercial, garantizando el complimiento de los estándares de la norma y sirviendo de garantía** al consumidor; restableciendo la confianza ante el producto o servicio y sus procesos.

La **figura de un tercer elemento** en la relación entre el consumidor y el productor permite recuperar esa relación de confianza, dado que esta figura ofrece sus propias garantías de imparcialidad, supone una verificación de la conformidad de un producto o servicio, a una norma o requisitos concretos del cliente.

De este modo **la certificación proporciona garantías del origen, tratamiento, identificación y credibilidad**, mediante controles de un tercero, que asegura las expectativas del consumidor, dando una confianza y estableciendo un compromiso entre productor y consumidor.

La necesidad de certificarse también se da por el marco de un mercado globalizado, ante la necesidad de diferenciarse del resto.

La competitividad por la vía de la calidad permite un desarrollo económico, asegurando un nivel de productos y servicios, que, a través de la implantación de procesos de calidad, tengan un valor agregado.

Las ventajas directas para el productor empiezan por esa ventaja, esa **diferenciación del producto, logrando una credibilidad, generando con ello un valor agregado y reconocimiento**, que nos permita aumentar o mantener la confianza de los consumidores.

Por otro lado, la certificación es una **carta de presentación** que permite equipararse a grandes empresas más conocidas.

Como hemos adelantado en el punto anterior, **para ser proveedor de servicios tanto a la administración** como a empresas grandes, vamos a necesitar estas certificaciones, en la mayoría de los casos, ya que el cliente quiere asegurar una calidad y el cumplimiento con estándares reconocidos a nivel internacional. De este modo **todas las empresas "hablan el mismo idioma", cumpliendo con los mismos requisitos** exigidos.

Una vez emitido dicho certificado, podemos desarrollar una **labor de marketing**, incluyendo nuestro sello de certificado en nuestras herramientas comerciales (web, documentación corporativa, folletos, productos de merchandising); documentación interna (facturas, albaranes), etc.

Las certificadoras, al otorgar el certificado, especifican en sus **normas el uso de la marca**, indicando al cliente dónde puede ubicar el sello del certificado. El abanico es muy amplio, por lo que todos nuestros clientes serán conocedores de nuestra certificación.

A niveles internos, las ventajas de identificar y documentar todos los procesos nos permiten mejorar la producción y capacidad de respuesta ante posibles factores de riesgo, además de facilitar la colaboración entre departamentos, contribuyendo a un mejor ambiente laboral.

También nos va proporcionar **ventajas financieras**. Aumentando la **confianza de accionistas, inversores, entidades financieras**, lo que nos facilita la obtención de acuerdos más baratos y el acceso a líneas de crédito.

MERCADO	CLIENTE	EMPRESA
Abrirse a mercados internacionales.	Garantía y confianza de nuestros procesos.	Optimización de recursos y procesos. Organización interna.
Relaciones con la Administración Pública y valoración en las contrataciones con la misma.	Incremento de satisfacción del cliente.	Detección de fallos y costes, incrementando los índices de productividad.
Diferenciase en un mercado segmentado.	Adaptación a las exigencias de los clientes.	Mejora en la capacidad de respuesta.
Mejora el posicionamiento, ante competencia sin certificar.	Reducción de reclamaciones de clientes.	Mejora la producción, reduciendo así los costes.
Prestigio internacional de la organización.	Incrementa el valor de la marca.	Posible aumento de precio, debido al aumento del valor del producto/servicio.
Mejora los contactos internacionales.	Imagen de empresa responsable y comprometida con la calidad.	Se disminuyen las inspecciones y pruebas.
Facilidad para obtener otras certificaciones.	Marketing de nuestros servicios y actividad, con el sello de la certificación.	Implicación de los trabajadores, bajo el liderazgo de la dirección.
	Captar clientes sensibles al medio ambiente y compromisos sociales: "apto para celiacos", "producto ecológico"	Potenciación, creatividad e iniciativa.
		Formación permanente.
		Mejora de la comunicación entre departamentos y con ello del ambiente laboral.
		Aumenta la motivación de los empleados.
		Mejoras en la gestión documental.
		Aumento de la confianza de los inversores y accionistas.
		Ventajas financieras, facilitando la obtención de acuerdos más económicos.

Todas estas mejoras y ventajas serán posibles gracias al asesoramiento, colaboración y posterior seguimiento de todos los procesos por parte del consultor, ya que será nuestro mayor apoyo si queremos mantener la continuidad del Sistema de Gestión y la empresa no dispone de un potente departamento de calidad, con trabajadores experimentados en este tema.

Una vez conseguida la certificación, hay que mantener esas buenas prácticas en un esfuerzo de mejora continua, con la implicación de todo el personal involucrado en la organización

¿Qué profesiones me pueden ayudar? ¿A quién me dirijo?

Hay dos figuras claves en el proceso para conseguir nuestro certificado de calidad. Por un lado, necesitaremos los **conocimientos y asesoramiento de un consultor experimentado,** y, por otro lado, la certificación por parte de una entidad acreditada, ejecutada por la figura del auditor.

Consultora y certificadora deben ser independientes para mantener la imparcialidad, por eso, es el cliente quien elige la entidad certificadora con la que quiere auditarse.

Elección de la Consultoría:

El primer paso es contratar a un consultor que **nos ayude a implantar el sistema de gestión de calidad,** que sea capaz de adecuar la norma que queremos certificar a las necesidades, requisitos y manera de trabajar de la empresa, de la forma más eficiente y, por supuesto, económica posible.

La implicación de los trabajadores y dirección de la organización también influirán de manera decisiva en el éxito del proceso.

La **figura del consultor ejercerá una labor de formación y asesoramiento**, facilitando los **medios y técnicas, para el control y seguimiento de los procesos, ayudar en la integración de los requisitos de la norma en la organización**, buscando la adecuación entre los puntos que hay que cumplir de la norma y la operativa real de cada empresa, enfocado siempre en la mejora continua y a la política de la organización.

Tal es la importancia de la selección de un buen consultor que existen unas recomendaciones en la norma ISO 10019:2005 Directrices para la selección de consultores de sistemas de gestión de calidad y la utilización de sus servicios.

Ser consultor de calidad implica **tener conocimientos tanto de la norma en cuestión como del mundo de la empresa y el sector de la misma**. Pero no existe una formación específica, no es como ser médico o abogado, no hay una titulación o una profesión que nos pueda ayudar a detectar a un consultor. Sin embargo, hay que tener en cuenta el sector al que se dedica nuestra empresa, tener un consultor con formación o experiencia en dicho sector, será de gran ayuda, ya que parte de unos conocimientos, que otro consultor, sin experiencia o formación no cuenta.

Algo muy básico y efectivo es pedir el currículo de la persona que va a ofrecernos sus servicios de consultoría, evaluando sus casos de éxito, incluso contactando con otras empresas para conocer su experiencia y trato.

Una empresa de consultoría o un consultor no dejan de ser un proveedor. Lo seleccionaremos teniendo en cuenta unos puntos básicos:

- **Información básica:** Donde está ubicado el proveedor, número de oficinas, trabajadores, experiencia, años en el sector, casos de éxito, referencias de clientes... No es lo mismo trabajar con una empresa que tiene presencia a nivel nacional que con un autónomo que trabaja desde casa, ya que el apoyo de infraestructura y conocimientos que ofrece una empresa de consultoría es muy amplia y más segura que un consultor autónomo. Al contar con un amplio equipo de técnicos consultores, especializados por sectores y/o normas, con ello tenemos la tranquilidad de que el consultor no nos va a dejar "plantados" durante el proyecto, al contar con una amplia red, en caso de cualquier incidencia con el consultor, contaremos con el equipo necesario para que nuestro proyecto salga adelante con éxito.

- **Conocimientos:** Es básico que conozca tanto la norma que se quiere implantar, como el sector y requisitos generales de aplicación en la empresa en cuestión. Evidentemente siempre buscaremos proveedores que puedan aportar un valor añadido. Por ello es importante, conocer los clientes con los que cuenta, similares a nuestra organización, o incluso pedir referencias del consultor a dichos clientes, para que nos den información sobre dicho profesional durante el desarrollo de su proyecto.

- **Confianza**: El proveedor debe ser capaz de transmitirnos confianza. Como empresa necesitamos que el proveedor trabaje con nosotros, que no abandone el proyecto y que sea capaz de cumplir con sus obligaciones en el plazo acordado. Que nos entienda y juntos buscar el mejor camino para el éxito del proyecto, aportando valor añadido al mismo y proponiendo medidas resolutivas acorde a la organización siempre que se detecten incidencias.

- **Implicación**: Esto también es básico. Hay proveedores que se ilusionan con nuestra empresa y proyecto, y otras que simplemente nos consideran una más, un certificado más, sin aportar ningún tipo de valor, incluso utilizando la famosa metodología del "copia y pega". Es importante que el proyecto sea único y adaptado al 100% a nuestra organización, un buen consultor conseguirá este objetivo.

- **Filosofía de trabajo y Capacidad de Adaptación**: La filosofía de trabajo también es importante. Por poner un ejemplo: si nuestra empresa es tecnológica y no usamos papel, que no nos pida que tengamos todos los registros por escrito en formato papel. El consultor debe tener la capacidad de adaptar la norma a la empresa, con la filosofía de mejorar y aportar, y no de restar o "rellenar papeles" para cumplir con el expediente, esa nunca debe ser la metodología.

- **Servicio Post Venta (Mantenimiento)**: El trabajo no se acaba el día de la auditoría y la obtención del certificado. El Sistema de Gestión tiene que estar integrado en el día a día de la empresa, tiene que estar vivo y ser cambiante adaptándose a las necesidades y requisitos de la organización en cada momento, tiene que cambiar con las circunstancias de la propia organización. Nos interesa que el consultor siga trabajando con las mismas ganas después de conseguir la certificación, nos servirá de asesor y apoyo para consultarle cambios, revisar que se siguen cumpliendo los procedimientos implantados, etc.

- **Precio**: Todo esto está muy bien, pero necesitamos ser capaces de hacer frente a los honorarios del proveedor. Nadie trabaja gratis y menos un buen profesional; lo ideal es tener varios presupuestos y comparar, teniendo en cuenta, como hemos dicho anteriormente, las capacidades y cualidades del consultor.

- **Garantías**: Muchas consultoras ofrecen la garantía de certificación por contrato, de este modo estaremos seguros de que harán todo lo posible para que el resultado sea positivo. No obstante, no olvidemos que el consultor no es un secretario, por lo que su labor no es registrar las evidencias que la empresa tiene que tener; en todo caso, será la empresa la responsable de cumplir con las indicaciones del consultor, para que la certificación pueda llegar a buen término.

A la hora de **valorar el presupuesto** debemos que tener cuenta:

- Tamaño de nuestra empresa y delegaciones, en cuanto a instalaciones y personal, propio o subcontratado.
- Número de días que va a necesitar el consultor para visitar todos los centros que se quieran certificar.
- Inclusión de auditoría interna
- Asesoramiento en la Revisión por la Dirección.
- Labores de gabinete, para preparar la documentación y adaptar la norma a los procedimientos y procesos de la empresa.
- Acompañamiento en la auditoría de certificación.

Por otro lado, junto con el presupuesto de los servicios de consultoría, tendremos en cuenta el presupuesto de la entidad de certificación (desarrollados en el siguiente punto).

> **CONSEJO**
>
> Tener una idea general del esfuerzo que nos va a suponer implantar el sistema de gestión, nos ayudará a determinar el tiempo invertido, para establecer un precio con el consultor.

Tras la certificación es muy importante para llevar a cabo un **proceso de mejora continua**, además de poder **beneficiarnos de los conocimientos y técnicas de un profesional**. Por eso es interesante asegurarse una serie de visitas posteriores a la certificación por parte del consultor, para garantizar la continuidad del Sistema de Gestión, así como realizar la auditoría interna, asesorarnos en la Revisión por la Dirección (puntos clave, que la entidad de certificación requerirá en la siguiente auditoría) o acompañarnos durante la auditoría de revisión realizada por la Certificadora al año siguiente.

> **👁 ¡OJO!**
>
> Es importante tener en cuenta que **la Certificadora va a visitarnos todos los años, por lo que el Sistema de Gestión tiene que estar vivo y llevarlo al día**. El certificado no es un premio que se consigue una vez y ya podemos echarnos a dormir.

Tenemos la calculadora que echa humo, pero hay que pensar en todos los beneficios y reducción de costes que va a suponer la implantación de los sistemas de gestión y valorar el importe económico de manera anual, seguramente gastemos más en el tóner de las impresoras.

Implantar un Sistema de Gestión **es una inversión con multitud de beneficios, por lo que hay que considerarlo un gasto, sino una inversión** para la continuidad de nuestro negocio.

La certificación también es una inversión de negocio, una estrategia que nos permitirá llegar a nuevos clientes y mercados. Si nos llega un proyecto muy bueno de un cliente que nos exige la certificación en ISO 9001 y no lo tenemos, nos acordaremos del presupuesto que rechazamos el mes pasado por no darle importancia.

Tras trabajar en la implantación y adaptación del Sistema de Gestión de Calidad en nuestra organización, es hora de que el resto del mundo lo sepa y por ello, el 99,9% de las empresas que realizan este trabajo, certifican su Sistema de Gestión. Gracias a ello, la empresa puede "sacar pecho", ya que una entidad acreditada, completamente independiente, ha revisado y validado los procesos, conforme a sus propios procedimientos y lo más importante conforme a una norma internacional como es la norma ISO 9001, conocida a nivel mundial. Con la obtención del certificado, podemos demostrar a todas las partes interesadas (Clientes, trabajadores, administración, proveedores, competencia, etc..) que **¡estamos certificados!**

Adaptación de las normas a tu organización

El primer pensamiento cuando hablamos de "adaptar" la norma a nuestra empresa, es que hay que cambiar nuestra forma de trabajar, esto es: FALSO.

Seguro que en la organización ya llevamos a cabo algunos procesos del SGC (Sistema de Gestión de Calidad) sin saberlo, como: tener definidas estrategias, objetivos, procesos y una estructura básica... Normalmente en lo que suelen fallar las empresas es en tener todo bien definido y documentado por escrito, ya que la trazabilidad es un elemento muy importante y que muchas veces olvidamos. Por así decirlo, el "diamante en bruto" está ahí, el consultor será el joyero que lo pulirá, dándole la forma para que ISO nos dé los quilates.

La adaptación de la norma a nuestra organización debe darse como un proceso natural, no forzar una implantación totalmente nueva y radical.

Para poder hacer la transición más natural necesitaremos confiar en nuestro consultor, que, tras evaluar todos los procesos y departamentos de nuestra empresa; nos ayudará a elaborar una documentación básica, evitando generar documentación innecesaria, con el enfoque de adaptar la norma a los procesos de la empresa, aportando un valor añadido a lo ya desarrollado. De este modo, no crearemos documentos innecesarios, ni registros repetitivos.

El proceso de implementación del Sistema de Gestión de Calidad, SGC a partir de ahora, puede desarrollarse en dos marcos diferentes:

- **Que la empresa ya disponga de un SGC propio** y se tenga que adaptar a nueva versión de la norma, como es el caso de las últimas versiones de ISO 9001 o ISO 14001 de 2015, o la reciente ISO 27001 de 2017, entre otras. En este caso, el consultor estudiará de manera detallada toda la documentación, procesos y proyectos; evaluando el sistema vigente y adaptándolo a los requisitos de la nueva versión.

- **Que la empresa no tenga desarrollado un SGC.** En este caso el consultor ayudará y asesorará a la empresa en el análisis de sus procesos, el establecimiento de medidas de seguimiento y control, así como las mejores herramientas para evidenciar el cumplimiento de los requisitos establecidos por norma.

El tiempo para implementar un SCG depende del volumen de la empresa. Se puede tardar de 3 a 12 meses, ya que desde que se implanta el sistema debe pasar un tiempo para tengamos registros evidencias de la implantación en todos los procesos y verificar que funciona íntegramente en la empresa.

Antes de la auditoría de certificación, se realiza una auditoría interna. Dicha auditoría es la "preparación" para la auditoría de certificación. Los requisitos del auditor interno serán definidos por la organización, no obstante, éste debe ser independiente a los procesos a auditar. Por lo que, lo más conveniente es que, nuestro consultor o al ser posible un compañero del mismo, realice la auditoría interna en nuestra organización (4 ojos ven mejor que 2).

De este modo, nos garantizamos la imparcialidad en los procesos, cosa que quedaría en entre dicho si elegimos a personal propio interno de la organización para auditar los procesos de la propia empresa.

Y, por último, la realización de la revisión del Sistema por la Dirección se debe realizar a intervalos planificados, lo ideal es que, como mínimo una vez al año, para asegurarse de su conveniencia, adecuación, eficacia y alineación del Sistema de Gestión con la dirección estratégica de la organización.

> 💡 **CONSEJO**
>
> Realizar la revisión del sistema por la dirección de la organización, tras la auditoría interna, de este modo se analizará en la misma, los resultados de dicha auditoría.

Si la organización no tiene un SGC, desde nuestra experiencia aconsejamos su implantación, que traerá beneficios en lo consecutivo a la hora de facilitar la trazabilidad de los procesos, unificar criterios para la aplicación de cada proceso en línea con las directrices de la dirección… todo encaminado a que los esfuerzos de la organización vayan en la misma línea, hacia un proceso de mejora continua, con el compromiso de todos los trabajadores.

Examen de conciencia

Cabe destacar que antes de plantearnos obtener un certificado de calidad, debemos **asegurarnos de que nuestra organización cumple con toda la normativa legal de aplicación en su sector.** Prácticamente todas las normas certificables, hacen mención al cumplimiento de los requisitos legales de aplicación. Es un requisito indispensable.

Un buen consultor, antes de elaborar un presupuesto por sus servicios, nos indicará los requisitos más exigibles de aplicación. Por ejemplo, una empresa de construcción que quiere certificarse en la norma ISO 14001 Sistemas de Gestión Medioambiental, tiene la obligación de gestionar sus residuos peligrosos con un gestor autorizado, cumpliendo con los requisitos legales de aplicación.

De igual modo hay estándares, por ejemplo, en el sector de alimentación como IFS y BRC, que hacen referencia a los requisitos en la infraestructura, por ejemplo, salas de preparados alimenticios, salas de envasados, manipulación de alimentos, etc.

 **IMPORTANTE**

Lo primero que debe hacer la empresa antes de pensar en el certificado, es cumplir primero con todos los requisitos legales. Un buen consultor, le podrá asesorar en todos estos puntos.

Elección de la Certificadora

La **elección de nuestra certificadora puede motivarse por el renombre, el logotipo, el reconocimiento de marca** en un sector concreto... **el factor del precio es menos relevante, ya que suelen establecer tarifas similares. ENAC (Entidad Nacional de Acreditación)** establece un mínimo de horas, para garantizar una auditoría de certificación eficiente, por lo que los presupuestos suelen ser similares, aunque no así la capacidad de acreditaciones para certificar en diferentes campos. Por eso debemos **revisar que estén acreditados en las normas que queremos certificar**. Este mismo organismo dispone de listados donde se puede revisar las acreditaciones que tiene cada certificadora y en qué sectores a nivel nacional.

El proceso de certificación verifica que nuestros procesos, establecidos dentro del alcance de nuestro Sistema de Gestión, estén correctamente adaptados a los requisitos de la norma, pero **¿cómo podemos saber que dicho proceso de certificación se hace correctamente? ¿Qué garantía tenemos de las entidades certificadoras que nos auditan?**

Existe una **regulación propia de las entidades de certificación a través de un organismo que también les audita.** En España el organismo que regula a las certificadoras es **ENAC**, pero cualquier acreditación de otro país tiene carácter internacional como, por ejemplo, **UKAS** (Reino Unido), UL y ANAB (EE. UU.), RvA (Holanda), EMA (México)...

Las entidades certificadoras, tras cumplir con los requisitos que solicita el organismo (regulado en la norma ISO 17020), consiguen la acreditación. **Dicha acreditación no es genérica, es decir, que se limita a la actividad concreta**, por ejemplo, si está acreditada para certificar según la norma ISO 9001, sólo le vale para esa norma en concreto.

Pero para tener total seguridad de su eficiencia e imparcialidad, rizamos el rizo, ya que existe un **organismo que las regula a todas: el IAF** (El Foro Internacional de Acreditación) del que forman parte los organismos de acreditación.

Auditoría de Certificación

Cuando firmamos un contrato con una casa certificadora, éste incluirá la auditoría de certificación y las auditorías de seguimiento, en el mayor de los casos.

Al igual que en el caso de la consultoría, las entidades de certificación tienen en cuenta el tamaño de la empresa que se quiere certificar (tanto en instalaciones, delegaciones, como en Recursos humanos disponibles) a la hora de valorar el coste de dicha auditoría de certificación y seguimiento.

La auditoría de certificación es la primera auditoría que se realiza para ver si se logra la certificación ISO 9001. Una vez superada la auditoría de certificación y tras la emisión del certificado, este tendrá validez de 3 años. No obstante, los dos siguientes años, la entidad de certificación realizará auditorías de seguimiento, verificando que se siguen cumpliendo con los protocolos establecidos en la organización, así como los requisitos de las normas certificadas, en caso contrario se podría retirar el certificado.

Después de certificarnos, el auditor volverá cada año, para una auditoría de seguimiento en la que evaluará el mantenimiento y mejora del sistema.

💡 **CONSEJO**

La labor del auditor no es sólo verificar que hemos aplicado la norma a los procesos de gestión, si no que nos dará oportunidades de mejora que ayuden a nuestra organización, según sus conocimientos, **¡aprovechadlo!**

El consultor suele acompañar durante la auditoría de certificación, para tener una cara amiga durante el proceso, además nos facilitará el trance, ya que el consultor y el auditor "hablan el mismo idioma".

El responsable o responsables de la organización ya están previamente entrenados para cualquier solicitud de evidencias del auditor y responder cualquier consulta de éste.

Por esta razón es muy importante la implicación de la organización durante todo el proceso, no solo a la hora de implantar el sistema, sino de conocer las novedades y cambios... durante la maduración del sistema y su evaluación final en la auditoría de certificación.

¡Ojo!, transición de normas. ¿Miedo al cambio?

Casi no ha dado tiempo de presumir de certificado y nos enteramos de que hay un cambio en la norma ISO 9001. No temáis, la ISO es comprensiva y no va a pedir que cambiemos nuestro SGC de sopetón, de hecho, pide una documentación similar que en su versión anterior.

En las siguientes páginas analizaremos qué novedades implica el cambio de norma y cómo se reflejan en aquellos casos que tengan implantado un SGC según la versión anterior de la norma: ISO 9001:2008.

En el caso de que no tenerlo, aún, el consultor nos asesorará en el proceso de certificación y en lo que necesitamos para implantar un SGC, no sólo para la obtención del certificado, sino como herramienta de mejora para la empresa.

Norma ISO 9001:2008 Vs ISO 9001:2015

Ejemplos de cambios de un sistema a otro.

¿Por qué se cambia la norma ISO 9001? El cambio viene determinado por el mercado, si bien es cierto, que las normas se revisan cada 5 años para actualizarse a las tecnologías y el contexto del mercado global.

La revisión de esta norma se hizo pública en septiembre de 2015, por lo que el periodo de adaptación terminará en septiembre de 2018.

Otra de las razones para dichos cambios es unificar los criterios de todos los Sistemas de Gestión, evolucionando su estructura para conseguir una compatibilidad con otras normas ISO.

A niveles generales cambian algunos conceptos enfocados a una revisión de la **organización empresarial, con una mayor implicación y liderazgo de la alta dirección** para que los procesos y políticas de calidad, sean compatibles con la estrategia de la dirección.

Se revisa el contexto, donde se analizan las cuestiones, tanto internas como externas, que puedan restar efectividad en los resultados registrados en el Sistema de Gestión. Propone **acciones preventivas** que lleven a un **aseguramiento de los procesos y la continuidad** de la empresa.

Cambia la **terminología para simplificar el lenguaje:**

ISO 9001:2008	ISO 9001:2015
Productos	Productos y servicios
Exclusiones	No se utiliza (Véase el capítulo A.5 para aclarar aplicabilidad)
Representante de la dirección	No se utiliza (Se asignan responsabilidades y autoridades similares pero ningún requisito para un único representante de la dirección)
Documentación, manual de la calidad, procedimientos documentados, registros	Información documentada
Ambiente de trabajo	Ambiente para la operación de los procesos
Equipo de seguimiento y medición	Recursos de seguimiento y medición
Productos comprados	Productos y servicios suministrados externamente
Proveedor	Proveedor externo

Cambios más significativos

1. Se establece una "estructura de alto nivel", adoptando un esquema común para los sistemas de gestión, conforme a otras normas ISO. La estructura cambia algunos puntos en cuestiones de terminología y añade 2 puntos más, para reflejar cuestiones que no se analizaban anteriormente o se hacía de modo superficial.

ISO 9001:2008	ISO 9001:2015
1. Objeto y campo de aplicación	1. Objeto y campo de aplicación
2. Normas para su consulta	2. Referencias normativas
3. Términos y definiciones	3. Términos y definiciones
4. Sistema de Gestión de la Calidad	4. Contexto de la organización
5. Responsabilidad de la dirección	5. Liderazgo
6. Gestión de los Recursos	6. Planificación
7. Realización del producto	7. Apoyo
8. Medición, análisis y mejora	8. Operación
	9. Evaluación del desempeño
	10. Mejora continua

2. El enfoque estará basado en los procesos, que permite (tal y como se indica en la norma de referencia ISO 9001:2015):

a. **La comprensión y la coherencia** en el cumplimiento de los requisitos.

b. La consideración de los procesos en términos de valor agregado.

c. El logro del **desempeño eficaz** del proceso.

d. La mejora de los procesos, con base en la evaluación de los datos y la información.

Para tener ese **enfoque basado en los procesos** se seguirán los siguientes pasos:

- **Identificar la interrelación entre los procesos** que se llevan a cabo en la organización:

Para ello podremos contar con un **mapa de procesos**, para que de manera esquemática y simplificada podamos conocer los procesos más relevantes en la organización, teniendo en cuenta los procesos estratégicos, operativos y de soporte:

- Definir las responsabilidades respecto a cada proceso: Para ello podemos contar con un organigrama de la organización, a ser posible, no nominativo, así cualquier cambio en el personal no afectará al organigrama.

Además del organigrama, se puede contar con unos **perfiles de cada puesto de trabajo definido en el organigrama**. En dichos perfiles, se indicará las funciones y responsabilidades de cada puesto, así como los requisitos y habilidades que deben cumplir todo el personal (tanto propio como subcontratado) que ocupe ese puesto en la organización, en cuanto a formación y/o experiencia.

- **Definir sistemáticamente cada una de las actividades** que componen el proceso.

Según la definición que recoge la norma ISO 9000:2015, un proceso es el conjunto de actividades relacionadas que utilizan las entradas para proporcionar un resultado previsto.

Para poder determinar las actividades que forman un proceso, os proponemos dos herramientas:

1ª Herramienta: Podemos ayudarnos del **esquema de los elementos de un proceso**, disponible en la norma ISO 9001:2015:

Se realizará para cada proceso, identificando la interacción de sus elementos (actividades). Los puntos de control del seguimiento y la medición son específicos para cada proceso y variarán dependiendo de los riesgos relacionados (el pensamiento basado en riesgos se abordará más adelante).

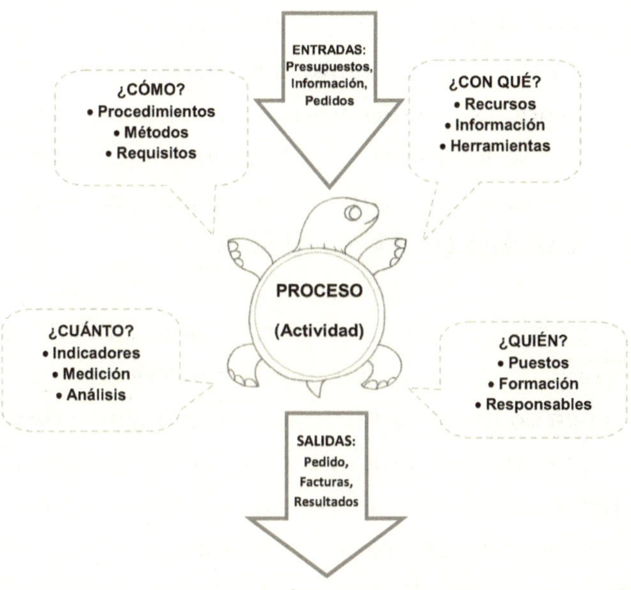

2ª Herramienta: Podemos ayudarnos del conocido "**Diagrama de tortuga**", es un esquema que contiene los elementos (actividades) de un proceso. Se le llama de esa manera, porque el diagrama tiene la forma de ese animal:

- La cabeza la forman las actividades de entrada al proceso

- El cuerpo está formado por los propios procesos y sus relaciones.

- Las patas, son las preguntas claves que la organización tiene que responder

- La cola, son los resultados finales, que surgen de los elementos de entrada una vez transformados y procesados.

Este tipo de diagramas nos permite hacer un autoanálisis, identificando cada elemento que interviene en el proceso, marcando los límites desde su inicio hasta el resultado final. Sólo se identifican los elementos que intervienen, por lo que el análisis y medición estratégica se define de forma más clara en el ciclo PHVA.

- Este tipo de **enfoque según el ciclo PHVA**, permite definir de manera clara todos los procesos que intervienen en nuestra organización y su manera de relacionarse entre sí, conociendo con qué recursos cuenta y cómo gestionarlos, además de detectar oportunidades de mejora para actuar en el momento.
- **Analizar y medir los resultados** de la eficacia y capacidad de los procesos.

Los indicadores permiten un análisis de la capacidad, eficacia y eficiencia de nuestros procesos a través de la comparativa entre los resultados fijados previamente y los resultados obtenidos, así como de los recursos utilizados para ello.

Por así decirlo sabremos medir si se ha hecho el proceso, si se ha hecho bien, y cuánto nos ha costado hacerlo (recursos).

Esta labor de seguimiento, análisis y medición se recoge en la Norma ISO 9001:2015 **apartado 9 en la Evaluación del Desempeño**, que es uno de los puntos clave para saber si nuestra organización lo está haciendo bien y cómo lo podemos hacer mejor todavía.

- **El enfoque basado en riesgos** se puede resumir en la frase hecha "piensa mal y acertarás". Este tipo de enfoque permite prever factores que puedan afectar a los procesos y el SGC de forma negativa en sus resultados, pudiendo establecer controles para reaccionar en el momento, minimizando los efectos negativos y maximizar oportunidades.

  Para adaptarse a las necesidades y expectativas, en un mercado dinámico y complejo, además de llevar a cabo una mejora continua, hay que adoptar nuevas medidas como cambios repentinos, innovación y re-organización.

3. Cambio del **Sistema de Gestión de la Calidad de 2008 al Contexto de 2015.**

En la anterior versión de la norma, en el punto 4 de la estructura, se habla de un Sistema de Gestión de Calidad cuyos requisitos hacen referencia **a documentar, implementar y mantener el SGC** a través de la mejora continua.

El contexto de la **nueva versión establece aquellas cuestiones tanto externas como internas, que afectan** al desempeño de la organización y el cumplimiento de los **resultados marcados en su SGC.**

Como factores internos se pueden englobar la estructura de la organización, políticas empresariales, procesos, capacidades, sistemas de información... Como factores externos, cualquier cuestión que fuera de la organización pueda afectar al SGC, como: legislación, innovación tecnológica, medios de comunicación...

Un análisis esencial a la hora de determinar **dónde nos situamos como empresa en ese contexto es el sistema DAFO**, para establecer cuáles son las cuestiones internas (amenazas y oportunidades) y externas (debilidades y fortalezas), que nos dará una guía del lugar que ocupamos dentro de ese contexto.

4. En la norma de 2008, se requiere la realización y mantenimiento de un **"Manual de Calidad" que establezca** el alcance, los procedimientos documentales y su interacción. Además, refleja la necesidad de un control de la documentación estableciendo su aprobación previa, revisión y actualización, bajo un registro que controle su identificación y almacenamiento.

En la versión de 2015, no se hace referencia a un manual de calidad como tal, pero sí trata de determinar el SGC y sus procesos a través de la "Información documentada", con el fin de que los procesos se realicen según lo planificado, no generar documentación porque sí. Los documentos que manejemos dentro de la "Información documental" deben tener un valor estratégico (manuales, directrices...), estos datos tienen que aportar información relevante que ayude a cumplir con el SGC, permitir evaluar al propio sistema y, a su vez, sirva para formar a nuevos empleados.

Por lo tanto, el manual de calidad, que realizó en su momento la organización, se adaptará a la nueva norma como información documental. Habrá que incluir las consideraciones sobre las partes interesadas, que anteriormente no se trataban.

5. No obstante, la nueva norma hace hincapié en definir las necesidades y expectativas de las partes interesadas, además de cumplir los requisitos de éstos.

Todo el sistema va a tener un enfoque que cumpla las necesidades y expectativas de las partes interesadas, no sólo en el resultado final, sino también, en los procesos iniciales que influyen en cada planteamiento de los procesos del SGC; ya que las partes interesadas no sólo hacen referencia a los clientes, pueden ser proveedores, compañeros, socios… elementos que intervienen en los procesos y se interrelacionan entre sí.

6. Sobre la "responsabilidad" de la dirección se cambia al concepto a "liderazgo", idea que trata de desarrollar una implicación de cada parte de la organización, donde cada uno asume las responsabilidades y funciones de su rol, definidas en el SGC. La alta dirección definirá y dará a conocer el contexto de la organización, definido en su política de calidad, para que esté en consonancia con la política y esencia de la empresa.

También se refleja un compromiso por parte de la dirección de implicarse en el proceso de implantación del SGC a los procesos de negocio, asegurando su planificación y recursos para llevarlo a cabo y mantenerlo, en un proceso de mejora continua.

Recomendaciones para la transición

Lo primero es **conocer muy bien la nueva estructura de la norma,** disipando cualquier duda en cada punto.

Ver las correspondencias de la nueva versión con nuestro SGC, en el caso de tener la certificación anterior, y las carencias en los puntos nuevos que establece la actualización de la norma.

Revisar los nuevos requisitos, para conocer si los tenemos cubiertos con los procesos presentes en nuestro SGC. En caso de no tenerlos, adecuar esa parte al nuevo procedimiento.

Una vez que hemos **identificado las carencias o cambios** en la estructura, desarrollaremos un plan de implementación, dando a conocer toda la información a las partes determinadas por el alcance del SGC.

Aplicar el SGC actualizado, revisar y verificar que la implantación ha sido eficaz y puede mantenerse en un estado de mejora continuo.

Realizar la revisión del sistema por parte de la dirección, para seguidamente proceder a la auditoría de certificación, consiguiendo nuestro certificado actualizado.

Como hemos podido ver en el punto 3 y 4, los cambios son más conceptuales que formales, por lo que la transición de una versión a otra no es algo tan drástico como se pueda pensar inicialmente.

La **figura del consultor** aquí es más importante si cabe, en el caso de que trabajes con el mismo, ya conoce el sistema de gestión y sabrá detectar fácilmente los cambios con respecto de la nueva versión. En caso de que no sea el mismo consultor, éste tendrá que familiarizarse primero con el sistema que tienes implantado, para saber guiarte en la transición de una versión a otra.

Toda empresa que tenga implantado un SGC, ya contaba con aquellos factores que pudieran suponer un riesgo para los resultados fijados por el propio sistema. En esta nueva versión de la Norma se hace mucho hincapié en la incorporación de un enfoque basado en riesgos, lo cual no tiene que suponer un problema, dado que en un sistema de mejora continuo ya se tenía en cuenta, pero no se registraba en los requerimientos de la norma.

De este modo la versión supone una actualización tanto del sistema como de la información documental, siendo muy positivo para involucrar a toda la organización en una dinámica de mejora que llegue a la excelencia.

Desde el punto de vista de las partes interesadas, esta actualización o transición puede valorarse desde dos puntos de vista:

- Que las partes interesadas vean que nuestra organización es de las empresas que han hecho la transición a la nueva versión de la norma (disponible desde marzo de 2015), situándose a la vanguardia en la aplicación de los nuevos requisitos, integrándolos a su sistema de gestión, mejorando y actualizando sus procesos.

- Que las partes interesadas que, a su vez, están certificadas, han de actualizarse igual que nosotros, para mantener la certificación y mejorar las cuestiones planteadas en la nueva versión; lo cual, nos dará una mayor garantía al saber que tratamos con otra organización que ha actualizado, al igual que nosotros, su sistema de gestión y está preocupada por mejorarlo.

¿Cómo obtener un certificado de calidad?

A continuación, describimos el proceso para conseguir el certificado de calidad en 9 puntos:

1. Establecer las **necesidades y motivos para implantar el sistema de gestión de calidad.** De esa forma podremos detectar si es por mejora de la propia organización o se debe a un requisito de algún cliente nuevo o, incluso, para fidelizar los clientes propios.
2. Es recomendable contar con los servicios de un experto, procediendo a la contratación de una consultora que nos guíe a través de todo el proceso, proporcionándonos sus conocimientos y formando a los empleados responsables de nuestra organización y concienciando sobre los beneficios de trabajar siguiendo un sistema de gestión de la calidad.
3. **Proyecto de implantación de sistema** con los periodos de implantación y las personas responsables de cada proceso y los objetivos planteados.
4. **Recopilar la documentación**, permitiendo conocer la trazabilidad de los procesos, dejando constancia documental destinada a garantizar el buen funcionamiento.
5. Poner en marcha el **Sistema de Gestión de Calidad** y hacer seguimiento del funcionamiento, planteando

indicadores y oportunidades de mejora iniciales.

6. **Auditoría interna**, donde se chequea el funcionamiento del sistema implantado y el cumplimiento de los requisitos marcados por la norma en que nos queremos certificar.

7. **Revisión del sistema por parte de la dirección**, donde se establece la concordancia de los objetivos de calidad con los de la organización, verificando que la implantación del sistema de gestión se acopla perfectamente a los procesos, respetando la política empresarial.

8. **Auditoría externa o de certificación**, donde la entidad certificadora verifica que el sistema de gestión de calidad implantado cumple los requisitos de la norma en la que se certifica la empresa.

9. Última parada: **Obtención del certificado.** Aunque, en realidad, el viaje sigue porque cada año se audita a la empresa para mantener ese certificado vigente, comprobando que el sistema de gestión sigue manteniéndose y mejorando año a año.

La implantación del sistema de gestión de calidad es la base para conseguir el certificado, dicho documento verifica que el sistema funciona tal y como establece la normativa con la que queramos certificarnos.

Pero es muy importante saber en qué consiste el sistema de gestión y cómo implantarlo en nuestra organización:

¿Qué es un Sistema de Gestión de la Calidad?

Un SGC es un conjunto de directrices, normas, códigos o modelos que tiene una organización y que determinan cómo se gestiona. Este Sistema debe ser:

» Formal, es decir, debe estar puesto por escrito y ser lo más preciso, exhaustivo y objetivo posible.

» Verificable, debemos ser capaces de ver que esas normas, códigos y modelos se cumplen.

» Orientado al cliente y demás partes interesadas. Porque si nuestro sistema no está orientado a las partes interesadas nuestro esfuerzo no sirve de nada, ya que son todas las partes, con involucración en el sistema, quienes mantienen viva la empresa.

El Sistema de gestión debe tener un **enfoque basado en los procesos** que se llevan a cabo en la organización.

> *i* El sistema de gestión es una herramienta que utiliza la organización para planificar, hacer, verificar y actuar (ciclo pdca) en cada uno de sus procesos.

Los puntos de control del seguimiento y la medición, que son necesarios para el control, son específicos para cada proceso y variarán dependiendo de los riesgos relacionados.

En el momento en el que este sistema de gestión integra una forma de trabajar acorde a los requisitos de calidad, marcados por la norma, pasa a tener el "apellido" de Sistema de Gestión de la Calidad o SGC.

Una herramienta muy útil para detectar o definir un sistema de gestión, ya sea de calidad, seguridad o medio ambiente, son los círculos de Deming o ciclo PDCA, que nos ayudarán a detectar las acciones necesarias para definir nuestros procesos de principio a fin.

El sistema de Deming consiste en contestar 4 premisas, a través de las cuales, conseguiremos definir el sistema de gestión de la calidad:

- **PLAN**: planificar los recursos y procesos necesarios para alcanzar los objetivos que nos permitan llegar a los resultados acordados.
- **DO (Hacer)**: ejecutar los nuevos procesos para llevar a cabo la estrategia de la organización.
- **CHECK (Verificar)**: analizar los resultados de los nuevos procesos, tras un periodo de adaptación, verificando la mejora implantada.
- **ACT (Actuar)**: cambiar los procesos que se han analizado y aplicar mejoras, en caso de ser necesarias, o plantear nuevas acciones en caso de ser necesario.

La **mejora continua** es la adopción de esta metodología, como una filosofía, a cada proceso o área de la empresa, que, a través de la alta dirección, toma esta estrategia como forma de vida sana.

La **estrategia** implica una intención de cambio continuo que nos permita adaptarnos a cualquier situación, evaluando y analizando cada uno de sus procesos, competencias, objetivos… llegando, a través del ciclo plan-do-check-act, a detectar los cambios necesarios.

Implantación del Sistema de Gestión de Calidad, ¿Cómo afecta a mi organización?

La obtención del certificado, para la mayoría, es el fin, pero **el hecho de implantar un sistema de gestión de calidad en nuestra empresa tiene unos beneficios** que van más allá del "título" que se nos otorguen por el cumplimiento de la norma. Empezando por el hecho de que un SGC hace que la organización sea más eficaz y esto nos permitirá hacer la empresa más rentable.

Este **sistema está enfocado** a lograr los resultados planteados, cubriendo las **necesidades y expectativas del cliente**, pero también va a beneficiar a todas las partes interesadas de la organización, no sólo al cliente final.

Los objetivos del SGC coinciden con los objetivos de la organización, solo hay que darles el formato que requiere la norma, por ejemplo:

- Fomentar el crecimiento de la empresa, serían, en el SGC, las propuestas de mejora y objetivos de la política de empresa.
- Aumentar la rentabilidad, al revisar los procesos podemos valorar cuánto tiempo y coste suponen, llegando, con su detección, a aumentar la rentabilidad de la empresa.
- Identificar las debilidades, amenazas, fortalezas y oportunidades. Una herramienta eficaz para cualquier empresa es la realización de un análisis DAFO, para hacer un "chequeo" de la situación de la organización, tanto interna, como externamente.
- Tener personal cualificado y formado, que fomente la eficacia y eficiencia. Con el compromiso de los empleados y su concienciación para llevar a cabo la filosofía de mejora continua, que, además de beneficiar a la empresa,mantenga y mejore el sistema de gestión de la calidad, manteniendo la certificación conseguida.
- La implantación del SGC también ayuda en la planificación sobre la distribución de los recursos necesarios para la consecución de los objetivos.
- También asegura el mantenimiento de los procesos, para que cualquier nueva incorporación conozca la metodología de trabajo y no se implementen cambios por desconocimiento.

Por así decirlo, la decisión de implantar un sistema de gestión de la calidad es una estrategia empresarial de mejora interna. Teniendo beneficios directos, como puede ser, el acceso a nuevos mercados y clientes que solicitan como requisito la implantación de un SGS.

Por otro lado, hay que tener en cuenta que, para **mantener nuestro certificado, tendremos que revisar y mejorar nuestro sistema de gestión, conforme a los requisitos de la norma.** Este seguimiento nos permitirá detectar oportunidades de mejora que serán favorables para nuestra empresa. Esto significa que, si mantenemos y mejoramos nuestro sistema de gestión, mantendremos nuestro certificado, pero lo más importante son los beneficios que ese proceso genera en la organización, que ha tomado como filosofía la mejora continua a través del sistema de calidad implantado.

Como último punto, hay que tener en cuenta que **la revisión del SGC por parte de la dirección, permitirá coordinar dicho sistema con la política de la empresa.** Las ventajas y beneficios que plantea la implantación del SGC disipa cualquier duda, pero las pequeñas empresas pueden tener recelos al implantar un sistema. Veamos esos posibles miedos:

- **Generar burocracia y papeleo** que reste eficacia a los procesos: **La labor del consultor permitirá eliminar este miedo y convertirlo en ventaja.**
- Complicar los procesos, nada más lejos de la realidad de la esencia de la Calidad Total. El sistema de gestión permitirá simplificar los procesos, mejorando su

ejecución y revisando cualquier posible riesgo en su desarrollo.

- Poco compromiso de los trabajadores que impida un buen análisis. La formación y concienciación del consultor a los empleados sabrá transmitir esos valores del SGC como ventajas para los trabajadores, por lo que ellos también querrán beneficiarse de dichas mejoras.

- El tiempo para implantarlo es muy largo, este factor depende de las dimensiones de la empresa. Es cierto que la organización tiene que dejar un periodo de prueba y ejecución del sistema, para saber si se ha implantado correctamente, pero eso permitirá detectar los posibles fallos y mejorarlos antes de la auditoría de certificación, o de seguimiento, si ya se dispone del certificado

- Coste de los servicios para implantar el SGC. Si existiera la posibilidad de comprar la herramienta definitiva que nos permita reducir costes e incrementase los ingresos… ¿dudaríamos en invertir? El coste y esfuerzo inicial son una inversión para mejorar el sistema que sigue la organización hasta ahora.

Misma norma, distintas interpretaciones

La nueva estructura de alto nivel que establece la nueva versión de la norma ISO 9001:2015, facilita la interpretación aplicando la misma estructura para gran parte de las normas ISO, y pone en común los puntos "revisables" que tiene cualquier empresa sin importar la estructura empresarial, ni país de aplicación, es decir, su contexto.

Dentro de cada norma ISO, se define la terminología empleada para no dar lugar a equívocos en lo que son requisitos y lo que son recomendaciones, por ejemplo, define las formas verbales para marcar el nivel de obligatoriedad de cada punto:

- "debe" indica un requisito;
- "debería" indica una recomendación;
- "puede" indica un permiso, una posibilidad o una capacidad.

La propia norma ISO 9001 tiene un apartado (Anexo A - Informativo) dedicado a aclarar ciertos puntos susceptibles de subjetividad. A través de estas explicaciones se definen claramente, por temática, cada uno de los puntos de la estructura de la norma.

 **IMPORTANTE**

En la norma ISO 9000, se puede consultar una amplia terminología que nos ayudará a comprender mejor los requisitos de la norma ISO 9001.

La norma ISO 9001 es la más conocida, ya que, de la partida de normas 9000, es la que se certifica; pero, las bases y explicaciones sobre la terminología se pueden consultar en la norma ISO 9000, donde se define la filosofía del SCG y los conceptos de la norma.

En esta norma, más desconocida, la terminología está

definida de forma detallada, tras la aprobación de un comité técnico ISO (TC). En cuanto a traducciones e interpretaciones terminológicas, por ejemplo, AENOR también dispone de un TC, que revisa la correcta interpretación de la norma en sus traducciones españolas.

En cuanto a la interpretación del consultor y la organización ante el auditor de la entidad de certificación, si se llegase a un desacuerdo en la interpretación sobre algún punto concreto, se tratará de dar claridad a ese aspecto en un consenso entre ambos en beneficio de la aplicación del SGC.

No se puede hablar de "interpretación" con el objetivo de eludir una responsabilidad a la hora de certificarse, ya que es la propia organización la que define su alcance, estableciendo los procesos concretos en el que se quiere certificar. La propia organización sabe qué procesos son más importantes y tiene más controlados, además de decidir si le interesa certificarse en uno u otro.

Por ejemplo, una inmobiliaria que gestione la venta y alquiler de viviendas y, aparte, ofrezca un servicio de limpieza integral de las viviendas. Esta empresa se quiere certificar solo en los procesos de venta, porque le interesa colaborar con otra empresa más grande del sector que le solicita la certificación ISO 9001:2015, para tener garantías sobre sus procesos de compra/venta. No tendrá porqué certificarse en todos sus procesos, sólo en el proceso que atañe a la compra/venta.

De este modo definimos el alcance de la aplicación del Sistema de Gestión de Calidad, así como los procesos que queremos certificar.

Desaparece el término "exclusión", respecto a la norma ISO 9001:2008 y se habla de aplicabilidad o no aplicabilidad. Si un requisito no es aplicable a un proceso concreto, la organización tiene que argumentar y verificar la razón.

10 pasos para implantar el Sistema de Gestión de Calidad, conforme a la norma de referencia ISO 9001 en nuestra organización

Ya hemos analizado en el punto anterior las ventajas de implantar un sistema de gestión, por lo que vamos a analizar los puntos esenciales que se revisan en un SGC, conforme a los estándares de la norma ISO 9001:

PASO 1. Definir y analizar el contexto de la organización:

El contexto se perfilará con el **análisis de las cuestiones externas e internas, que afectan a la organización**, en el desempeño y cumplimiento de los procesos, conforme a los resultados marcados en su SGC.

El SGC determinará el **alcance de los procesos que se van a certificar**, delimitando aquellas cuestiones que van a influir en el desarrollo y resolución de los objetivos acordados.

Tal y como se detalla en la norma ISO 9000:2015, comprender el contexto de una organización es un proceso. Este proceso determina los factores que influyen en el propósito, objetivos y sostenibilidad de la organización. Considera factores internos tales como los valores, cultura, conocimiento y desempeño de la organización.

También considera factores externos tales como entornos legales, tecnológicos, de competitividad, de mercados, culturales, sociales y económicos.

La visión, misión, políticas y objetivos son ejemplos de las formas en las que se pueden expresar los propósitos de la organización.

El consultor, asesorará a la alta Dirección de la organización, en la definición y análisis del contexto tanto interno, como externo.

PASO 2. Comprensión de las necesidades y expectativas de las partes interesadas:

También es primordial **establecer las necesidades y expectativas de las partes interesadas**, evaluando la capacidad de la organización para satisfacer los requisitos marcados por dichas partes, así como por la legislación y reglamentos de aplicación… Para ello tendremos que definir qué partes interesadas intervienen y qué requisitos tiene cada una.

El **concepto de partes interesadas** va **más allá del cliente**. Está claro que el cliente es una parte interesada muy importante, pero además hay otras partes interesadas, de las cuales hay que tener en cuenta sus necesidades y expectativas, estudiando y evaluando si la organización las tiene en cuenta en sus procesos y cumple con las mismas.

Ejemplos de partes interesadas, sus necesidades y expectativas:

- **Clientes.** Impactan en la calidad del servicio de dos maneras: con sus requisitos iniciales que pueden ajustarse o no a lo que la empresa ofrece y, una vez determinada la oferta y demanda, el cumplimiento del servicio conforme a las condiciones pactadas. Es en este punto donde recibimos el feedback del cliente respecto a si el servicio ha respondido a sus expectativas.

Los requisitos del cliente se analizan, previamente a la prestación del servicio, tras conocer sus necesidades se define el tipo de servicio, los plazos de entrega, características requeridas, etc.

- **Accionistas**. Impactan en la financiación de la organización, por lo que hay que tener en cuenta sus expectativas de productividad, rentabilidad, costes y crecimiento económico de la organización.

- **Proveedores**. Los colaboradores habituales, subcontratistas, así como   proveedores de productos/servicios son esenciales para garantizar la calidad y evitar riesgos. Existen proveedores estratégicos, considerándose en esta línea a colaboradores, subcontratistas de servicios o productos que interfieren directamente en la prestación del servicio o en los productos de la organización. La selección, evaluación continua y búsqueda de proveedores alternativos es uno de los procesos continuos para evitar riesgos o pérdida de competitividad.

Algunas de las necesidades demandadas por los proveedores pueden ser entre otras que la organización le facilite todos los datos necesarios para prestar su servicio. Así como el cumplimiento del pago de sus servicios.

Se debe establecer los criterios para la evaluación, selección y seguimiento del desempeño y la reevaluación de los proveedores externos, basándose en su capacidad para proporcionar procesos o productos y servicios, de acuerdo con los requisitos (tal y como se detalla en el punto 8.4 de la norma ISO 9001:2015)

- **Personal/empleados**. Son quienes hacen posible la ejecución del servicio demandado por el cliente o la producción de los productos. Impactan en la calidad del producto/servicio directamente por lo que la organización ha de cuidar que tienen el **Know-how**, habilidades, competencias, formación y recursos adecuados para desempeñar sus funciones.

Igualmente, la dirección ha de ir en consonancia con sus empleados de manera que se trabaje en equipo para conseguir los objetivos estratégicos de negocio, fomentar la comunicación interna, objetivos claros anuales, resolución de contingencias en el día a día e implicación de la alta dirección resulta clave para crear un compromiso e implicación con el negocio.

Los requisitos de los empleados se regulan legalmente en su contrato de trabajo. No obstante, las funciones o requisitos específicos de su trabajo son marcados por la dirección, responsable de coordinan una línea de beneficio común y aunar la organización en una cultura de empresa homogénea. Este esfuerzo es constante dados los cambios dinámicos que la organización puede sufrir.

Entre las posibles necesidades de los empleados pueden ser, tener definidas sus tareas, sentirse reconfortados tanto con el sueldo como por el trabajo realizado. Valoran la motivación por la dirección al hacerles partícipes de la misión, visión y valores de la organización. Una estrategia que motiva y mejora el ambiente de trabajo, así como la detección de posibles carencias, son los Círculos de Calidad.

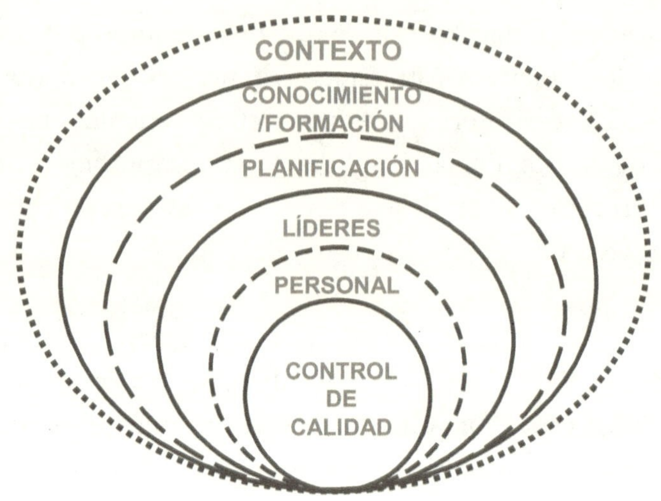

Círculos de Calidad

La teoría de los círculos de calidad de Isikawa, teórico de la Calidad Total, establece pequeños grupos de empleados, que de manera voluntaria se reúnen para evaluar aquellos problemas que se encuentran en su área de trabajo, llevando un control continuo de la calidad, en cada proceso.

Los empleados pueden demandar: Formación, información y mantenimiento de compromisos, así como el cumplimiento de sus derechos como trabajadores, cumpliendo el convenio del sector y haciendo hincapié en materia de prevención de riesgos laborales.

- **Competidores**: A toda organización, le interesa conocer los servicios y productos ofrecidos por su competencia más directa, para poder comparar con los suyos propios.

Así como analizar las causas por las que no se llega o se pierde a ciertos clientes.

Las organizaciones deben mantener un continuo estudio del mercado.

Los competidores pueden requerir información sobre tarifas ofertadas e información sobre nuestros servicios. La organización debe saber preservar su Know-how, para evitar filtraciones a la competencia en la medida de lo posible.

- **Administraciones**: El cumplimiento normativo es, sin duda, uno de los requisitos básicos de toda organización, ya que los riesgos por sanción pueden comprometer la continuidad del negocio o afectar, irremediablemente, al prestigio.

Las diferentes Administraciones (locales, regionales, estatales y europeas), tienen requisitos predefinidos. Las organizaciones deben ser conocedoras de sus derechos y obligaciones. Para ello pueden contar con el asesoramiento de profesionales legales, como gestorías y/o asesores fiscales. Especial importancia tiene la normativa fiscal, tributaria, mercantil, laboral y la relativa a las obligaciones con la Seguridad Social, pues son precisamente estas áreas las más susceptibles de riesgo por sanción.

- **Sociedad**: Las organizaciones también tienen que tener las necesidades y expectativas de la sociedad en la que influyen de manera directa o indirecta, haciendo mayor hincapié en su entorno social más inmediato.

Algunas de las necesidades para tener en cuenta, emanadas por la sociedad, es el respeto al medio ambiente y la seguridad de los ciudadanos. Por ello la organización debe analizar los impactos de su actividad en la sociedad, estableciendo acciones y medidas en caso de detectarse posibles impactos negativos.

De igual modo hay que analizar y cuidar la imagen que la sociedad tiene sobre la organización, estableciendo de igual modo medidas de mejora o correctivas en caso de considerarse necesario.

¡OJO!

La organización debe emplear todos sus métodos y recursos para conocer las necesidades de los clientes y otras partes interesadas y cumplirlas, adaptando y mejorando sus medios.

PASO 3. Alcance del sistema de gestión de la calidad.

Una vez determinado el contexto de la organización podremos establecer el alcance de nuestro sistema de gestión.

En este punto establecemos en qué proceso o procesos se va a implantar el sistema de gestión de calidad, para su posterior certificación.

De igual modo definiremos qué centros son aquellos en los que se desarrollan los procesos que se van a certificar, así como cuáles, dado que podemos seleccionar qué centros certificaremos según la norma.

 **IMPORTANTE**

Hay que definir la estrategia para marcar el alcance, ya que los límites de aspectos que se revisen definirán nuestros límites de certificación.

PASO 4. Liderazgo y política:

La alta Dirección, una vez que toma la decisión de adecuar su Sistema de Gestión de la calidad, de acuerdo con la norma y mantener la implantación conforme a la norma, debe elaborar una política y unos objetivos para satisfacer las exigencias y requisitos de esta norma.
Para definir la política de nuestra organización, podemos comenzar estableciendo el compromiso de la dirección, donde:

- Se establezca la política de calidad, objetivos de esta política de calidad, preservando la compatibilidad con la estrategia de la organización, sin alterar su misión y visión propias.

- Se definan unos objetivos del sistema de gestión en cada proceso de la organización, para su posterior seguimiento.

- Se promueva un enfoque a procesos y un pensamiento basado en riesgos que cubra cada área y proceso de la organización.

- Se aporten los recursos necesarios para llevar a cabo la implantación y mantenimiento del sistema de gestión.

- Se demuestre un compromiso y liderazgo, aplicando dichos objetivos también a las áreas responsables.

La función de la alta dirección, además de su papel de liderazgo, será velar porque se cumplan todos los requisitos en cada proceso del Sistema de Calidad, promoviendo la filosofía de la mejora continua y haciendo seguimiento a través de los métodos de medición.

La política debe ser comunicada y entendida dentro de la organización, así como estar disponible para todas las partes interesadas.

PASO 5. Riesgos y oportunidades.

Desde **un pensamiento basado en riesgos**, dentro de la parte de planificación, la organización define los riesgos y oportunidades, de modo que el propio personal de la empresa los identifique para su registro, análisis y establecimiento de medidas. Los factores de riesgo pueden ser factores externos o internos a nuestra organización, que puedan afectar a nuestros procesos; las oportunidades de mejora, se consideran riesgos positivos a potenciar dentro de la organización.

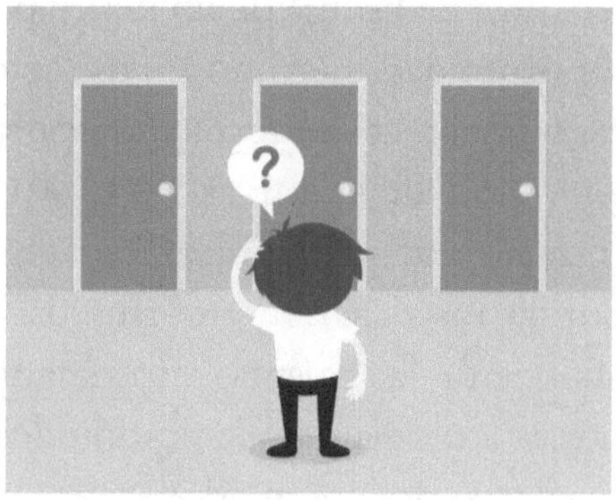

Tal y como se recoge en la norma de referencia ISO 9001:2015: "La organización necesita planificar e implementar acciones para abordar los riesgos y las oportunidades. Abordar tanto los riesgos como las oportunidades establece una base para aumentar la eficacia del Sistema de Gestión de Calidad, alcanzar mejores resultados y prevenir los efectos negativos.

Las oportunidades pueden surgir como resultado de una situación favorable para lograr un resultado previsto, por ejemplo, un conjunto de circunstancias que permita a la organización atraer clientes, desarrollar nuevos productos y servicios, reducir los residuos o mejorar la productividad.

Las acciones para abordar las oportunidades también pueden incluir la consideración de los riesgos asociados. El riesgo es el efecto de la incertidumbre y dicha incertidumbre puede tener efectos positivos o negativos. Una desviación positiva que surge de un riesgo puede proporcionar una oportunidad, pero no todos los efectos positivos del riesgo tienen como resultado oportunidades."

Aunque el punto 6.1 de la norma ISO 9001:2015, indica que la organización debe planificar las acciones necesarias para abordar los riesgos y oportunidades, así como evaluar la eficacia de las mismas. En ningún caso se especifica una metodología para la gestión del riesgo, ni se requiere un proceso documentado.

Por lo que queda a criterio de la Organización definir y desarrollar una metodología concreta.

Uno de los propósitos fundamentales de un Sistema de Gestión de Calidad, es actuar como herramienta preventiva. Por ello en la nueva versión de la norma ISO 9001:2015, se eliminaron las menciones a las "acciones preventivas".

Alguna de las **metodologías** que pueden servir a las organizaciones para **abordar los riesgos y oportunidades** son:

• **+AMFE: Análisis modal de fallos y efectos**. Este análisis es válido para cualquier tipo de proceso. La finalidad de este tipo de análisis es detectar los posibles fallos, evaluando el impacto en el proceso en cuestión, así como su posible frecuencia. Con este análisis podremos detectarlos, eliminarlos, incluso generar unas medidas preventivas para evitar su aparición, o minimizar el impacto.

- **ISO 31000**: Norma de referencia para la **Gestión del riesgo. Principios y directrices**. Esta norma no se crea para certificarse en ella, sino que pretende ser una guía genérica, para la gestión del riesgo.

El riesgo, como tal, se entiende como una variación del proceso en cuestión y, como consecuencia, su impacto en los resultados esperados. Estos riesgos pueden tener consecuencias tanto positivas (oportunidades), como negativas (riesgo). La norma nos propone una serie de técnicas para detectar y analizar los riesgos dentro de los procesos de la organización, asimilando estos principios en nuestra forma de trabajo como estrategia de mejora continua.

- **Análisis FODA o DAFO**: Matriz en la que se analizan los elementos internos de la organización (Fortalezas y Debilidades) y los elementos externos (Oportunidades y amenazas)

A continuación, se muestra un ejemplo específico de un análisis DAFO de una organización que presta servicios informáticos:

FORTALEZAS	DEBILIDADES
Empresa con experiencia que la respalda como empresa de confianza y personal con formación. Técnicos con amplio conocimiento y experiencia en los servicios ofertados.	Dependencia de servicios subcontratados en el servicio técnico informático.
Tratamiento personalizado a clientes. Orientación y asesoramiento. Compromiso con los clientes.	Dificultades para cubrir ciertos puestos con personal que reúna la calidad y formación adecuada.
Amplia red de técnicos de servicio técnico informático.	Dependencia de clientes de grandes cuentas.
Infraestructura adecuada y equipamiento tecnológico de última generación.	Posibles fallos en seguridad de la información, perdida de datos, virus...
Control de procesos internos.	Perdida personal clave para el desarrollo de la actividad.
Acceso a la financiación al pertenecer a un grupo de Empresas.	Alta carga del personal.
Desarrollo de los servicios en todo el territorio nacional.	

AMENAZAS	OPORTUNIDADES
Mercado dinámico en precios que puede hacernos no competitivos por no detectar los mejores precios.	Valoración positiva de las TIC en las empresas. Apoyo de las administraciones a la implantación de las TIC en las pymes.
Intrusismo en el sector. Proliferación en el sector de empresas que ofrecen servicios de bajo coste en detrimento de productos de calidad y seguridad.	Evolución ascendente y constante de la demanda de nueva TIC de calidad. Creciente utilización de las TIC por parte de los consumidores a nivel mundial debido a la popularización de las TIC por su abaratamiento, nuevas funcionalidades y su utilización cada vez más sencilla.
Falta de personal especializado que use u optimice las nuevas tecnologías en las empresas.	Creciente uso del comercio electrónico y nuevos nichos de mercado
Reticencia de la Dirección de las empresas en la inversión de nuevas tecnologías	Ubicación en zona con gran dinamismo económico.
Evolución constante de la tecnología que obliga a realizar grandes inversiones en I+D para mantenerse a la cabeza del mercado.	
Cambios legislativos a nivel nacional, comunitario.	
Cambios en las preferencias de los clientes.	
Errores Beneficios calculados (Riesgos en costes, mala estimación)	

- **Matriz Probabilidad-Impacto**: Es una herramienta de análisis de riesgos que nos permite establecer prioridades para los riesgos, en función de la probabilidad/ocurrencia y del **impacto**. Esta metodología es una de las recomendadas por el Instituto Nacional de Seguridad e Higiene en el trabajo, para realizar la identificación y evaluación de riesgos laborales. No obstante, también se emplea para la identificación y evaluación de otro tipo de riesgos.

A continuación, os mostramos un ejemplo para elaborar una matriz de Probabilidad-Impacto:

Probabilidad: La probabilidad de que ocurra el suceso se puede graduar con el siguiente criterio:
- Probabilidad alta (3): ha ocurrido más de 1 vez.
- Probabilidad media (2): ha ocurrido 1 vez.
- Probabilidad baja (1): no existen antecedentes de ocurrencia anterior.

Impacto: Conjunto de los efectos que un suceso o un hecho, producen en su entorno.
- Bajo (1): Los efectos sobre los procesos son insignificantes.
- Medio (2): Existen efectos moderados sobre los procesos de la organización.
- Alto (3): Los efectos producidos sobre los procesos de la organización son significantes.

Las acciones que hay que emprender se reflejan en la evaluación para cada uno de los riesgos/ Oportunidades. La organización analizará los resultados de la evaluación y establecerá una priorización de los riesgos, en función de la disponibilidad de recursos tecnológicos, económicos y humanos de que disponga la empresa para actuar sobre los significativos.

Para llegar a determinar el valor final del riesgo se introducirá la probabilidad (ocurrencia) de que se dé el riesgo y su Impacto en la siguiente tabla, de manera que se conozca definitivamente la importancia del riesgo:

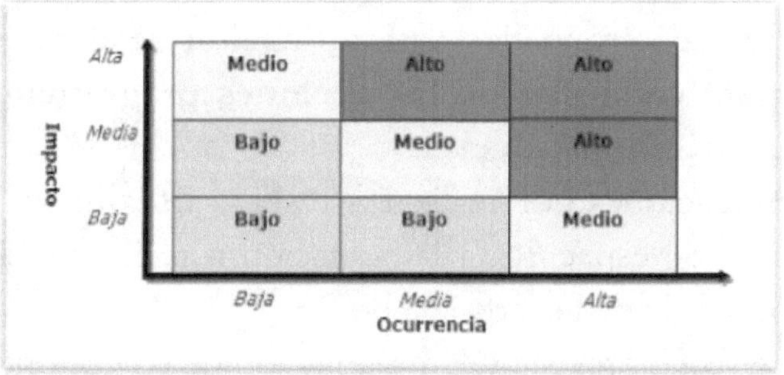

Los riesgos pueden catalogarse como negativos (lo que conocemos propiamente como riesgo) o positivos (oportunidades). Las acciones necesarias en cada caso serían:

RIESGO	ACCIÓN
BAJO	**Aceptar:** Asumir el riesgo.
MEDIO	**Mitigar:** Reducir la probabilidad o impacto del riesgo.
ALTO	**Evitar:** Cambiar el plan. No se debe continuar sin reducir el riesgo.

OPORTUNIDAD (RIESGO POSITIVO)	ACCIÓN
BAJO	**Aceptar:** No hacer nada.
MEDIO	**Aumentar:** Identificar y potenciar las probabilidades o impacto del riesgo.
ALTO	**Explotar:** Aprovechar la oportunidad.

La organización, tras priorizar los riesgos, **planificará las acciones a llevar a cabo.**

Una vez determinada la **planificación se debe indicar para cada una de las acciones programadas** la siguiente información:

- Actuaciones por realizar y responsables de las mismas. Se especificará la actuación a realizar y el responsable de llevarla a cabo.
- La fecha prevista de implantación de las acciones.
- La asignación de Recursos (humanos, económicos y técnicos) de llevar a cabo la actividad programada.

La planificación podrá sufrir modificaciones en función de nuevas necesidades que puedan surgir a lo largo de la gestión de las acciones, y que por tanto no han sido contempladas al inicio de dicha programación. Dichas modificaciones se justificarán y registrarán.

En última instancia la organización evaluará la eficacia de las acciones. Se considera que las acciones son eficaces si estas se han llevado a cabo y ha influido en prevenir y reducir los efectos no deseados o en aumentar los deseables.

En la web de este libro se puede apreciar un ejemplo de matriz con los elementos explicados.

⤤ **http://certificadosdecalidad.guia-burros.com**

Diagrama Causa – Efecto o Diagrama del Pez: Este diagrama, también de Isikawa, nos puede ser útil a la hora de detectar problemas en nuestro sistema de gestión, así como sus causas, incluso "subcausas" derivadas de las principales.

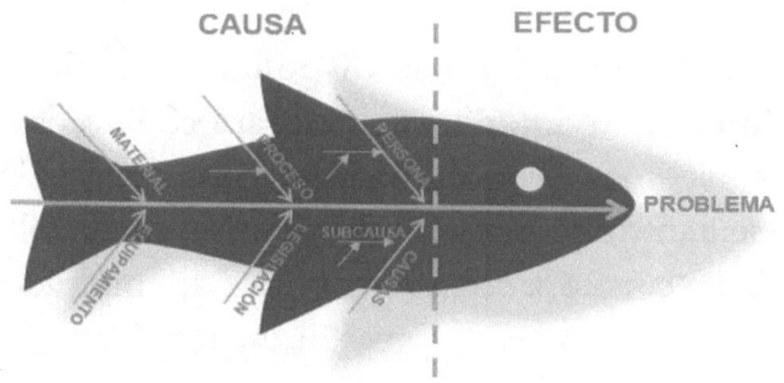

PASO 6. Información documentada

Es esencial la revisión de la información documentada: La información documentada sirve para explicar qué hace la empresa y cómo lo hace. Es un ejercicio muy útil tener por escrito la forma de trabajar, por un lado, nos hace reflexionar sobre lo que hacemos, y por otro, nos permite ir corrigiendo pequeños fallos y ser más eficientes. Hay muchos pequeños errores de los que no nos damos cuenta hasta que pensamos en nuestra forma de operar.

Cada organización, debe establecer la información documentada de la que dispone para su SGC. Dicha información debe incluir:

- La requerida por la propia norma ISO 9001.
- La que la organización determine como necesaria, para la eficacia del SGC.

Para elaborar dicha información, se **analizan las diferentes áreas de trabajo, que conforman la empresa**, definiendo sus funciones, integrantes, responsabilidades de cada agente interviniente.

En el caso de que no se disponga de dicha información documentada, se elaborará con ayuda de los conocimientos del consultor, junto con la dirección y un representante o responsable del proceso a desarrollar, teniendo en cuenta la opinión y aportes de empleados que lleven a cabo las tareas propias de esa actividad.

Esta **información documentada se controla y revisa periódicamente para actualizarla o adaptarla** a la norma y los procesos de la empresa, ya que estos pueden ser cambiantes, informando de esos cambios al personal pertinente.

El proceso de revisión, elaboración y adaptación de la información documentada, muchas veces, genera **oportunidades de mejora** para que la organización progrese.

PASO 7: Recursos e infraestructura

En cuanto a los recursos de una organización, vamos a detallar los más comunes, los recursos humanos y técnicos (infraestructura, equipos, recursos de seguimiento y medición...).
En cuanto a los recursos humanos, la organización debe establecer las competencias necesarias de las personas que realizan un trabajo que afecta al Sistema de Gestión de Calidad.

Cada empresa, establece sus propias competencias requeridas. Para ello puede establecer unos perfiles de puesto, ajustado a las propias funciones y responsabilidades, así como, la competencia necesaria y los requisitos propios de la organización.

Todo el personal antiguo o nuevo que se incorpore a la empresa debe cumplir con el perfil del puesto definido.

De igual modo todas las personas deben tomar conciencia de:
- La política de la organización.
- Los objetivos de calidad.
- Su contribución a la eficacia y beneficios de la mejora continua del desempeño.
- Las consecuencias del incumplimiento de los requisitos marcados.

En cuanto a los **recursos técnicos,** la organización debe proporcionar y mantener la infraestructura necesaria para la realización de los procesos.

Se entiende por infraestructura:

- Los edificios donde se desarrollan las actividades de la organización
- Los equipos, maquinaria empleada, incluyendo Hardware y software.
- Los recursos de transporte
- Tecnologías de información y comunicación empleadas en la organización.

De igual modo, de vital importancia son los **recursos de seguimiento y medición** empleados en la organización. Debe asegurarse **la validez y fiabilidad de los resultados facilitados por dichos equipos, manteniendo** la correcta **trazabilidad de las mediciones**. Por ello se deben establecer medidas de control que garanticen que los equipos susceptibles de ser verificados, calibrados, se calibren o verifiquen a intervalos planificados conforme a patrones trazables nacionales o internacionales.

PASO 8. Planificación y control operacional.

Este punto va a ser el más detallado en todo nuestro sistema de gestión, dejando constancia del control de procesos, desde los requisitos de entrada, pasando por la producción o prestación del servicio, hasta el control de salida y entrega del producto/servicio.

Es un *timeline* de nuestro producto o servicio, donde definimos al detalle la relación de nuestra organización con las partes interesadas y los procesos que se llevan a cabo, para el desarrollo del producto y/o servicio prestado, teniendo en cuenta el ciclo de vida. Se dejará constancia de esa relación en nuestra información documentada. Todos los requerimientos están recogidos en el punto 8 de la norma.

Definimos brevemente los pasos que suelen ser comunes:

1. **Planificación y operatividad**: se establecen las herramientas operativas que nos permitirán ofrecer dicho producto o servicio.

2. **Requisitos**: definimos los recursos que van a intervenir y los parámetros a cumplir por los mismos, además de los controles y seguimientos de éstos.

3. **Control de procesos y servicios suministrados externamente**: en este punto nos detendremos un poco más, para conocer los requisitos recogidos en el punto "8.4.3 Información para los proveedores externos" de la norma ISO 9001:2015.

   En cuanto a Proveedores y sus servicios/productos suministrados a la organización, ésta debe asegurarse que los proveedores **cuentan con toda la información necesaria para la prestación de sus servicios.**

   De igual modo, la organización debe **establecer los controles requeridos para la prestación externa** de un servicio. Los controles que hay que establecer, dependerán de la naturaleza de los procesos, productos y servicios.

Debemos tener en cuenta todos los proveedores que tenemos y valorar cuáles de ellos puedan generar no conformidades afectando a nuestros servicios.

Por ello es recomendable, tener identificados a todos los proveedores que nos prestan servicios o suministran productos.

Para cada proveedor, se establecerán unos criterios de evaluación/control.

Ejemplo de criterios de evaluación a proveedores pueden ser: Calidad en general de su prestación del servicio/productos, cumplimiento de plazos, cantidad Stock, capacidad de respuesta...

De igual modo la organización tiene que establecer las medidas adecuadas para cuidar la propiedad tanto de clientes, como de proveedores u otras partes interesadas. Dicha propiedad puede ser materiales, equipos, instalaciones, propiedad intelectual, datos personales...

4. **Producción y provisión del servicio**: define el proceso de principio a fin, desde la definición de los requisitos, pasando por la aceptación del servicio o encargo del producto/servicio, así como la planificación, diseño (en caso de aplicación) y realización por parte de la organización, hasta su entrega final. En este punto se describe cómo, qué, cuánto, cuándo, quién, dónde, por qué... relacionado con el proceso y las herramientas que se usan para ello, además de los controles que se llevan a cabo.

5. **Verificación final**: en este punto se llevan a cabo las comprobaciones finales pertinentes, para comprobar

que el producto/servicio, cumple con los requisitos marcados.

6. **Actividades posteriores a la entrega**: donde se definen servicios posteriores como puede ser las ejecuciones de garantía de los productos o servicios de mantenimiento. También se considera como requisito definir la "naturaleza, uso y vida útil prevista del producto o servicio prestado".

7. **Liberación del producto o servicio**: comprobar el cumplimiento de todos los requisitos una vez entregado el producto con las verificaciones pertinentes o la conclusión de los servicios prestados. En ambos casos, la norma exige conservar la información documentada con las evidencias de la conformidad en los criterios de aceptación, así como de la trazabilidad de las personas que operan la liberación del servicio.

8. **Control de salidas no conformes:** Definir las "no conformidades" como cualquier incidencia detectada que se estime que puede afectar a la calidad del servicio prestado, así como las posibles quejas o sugerencias de los clientes, deberán ser comunicadas a los responsables de cada área. Éstas se comunicarán al responsable más directo para estudiar el caso tal y las posibles acciones correctivas/de mejora.

PASO 9. Evaluación del desempeño:

Cada organización debe determinar, en función de sus procesos y actividades llevadas a cabo:

- Qué necesita seguimiento y medición
- Los métodos de seguimiento, medición, análisis y evaluación necesarios para asegurar resultados válidos
- Cuándo se llevará a cabo el seguimiento y medición
- Cuándo se analizarán y evaluarán los resultados del seguimiento y medición. Las evidencias de los resultados se deben conservar como información documentada.

Una de las herramientas más empleadas para llevar a cabo la evaluación del desempeño, es el uso de indicadores.

A. Para ello, cada organización establece **unos indicadores de calidad para cada proceso**, asociados a los riesgos y oportunidades identificados, así como el contexto interno y externo de la organización.

Un indicador es una representación de datos generados como resultado del seguimiento y medición de los procesos del Sistema de Gestión de Calidad, de forma que se pueda obtener una fuente objetiva para el análisis y la evaluación de la eficacia de dicho Sistema.

Los indicadores son elementos de medición de la calidad de nuestros procesos o productos. Para que los valores de un indicador sean fiables, tienen que cumplir unas características: sencillos de diferenciar, decisivos en el cumplimiento de objetivos, visibles que puedan entenderse, medibles y trasladarse a cualquier formato (texto, gráficos, imagen de concepto...).

Ejemplo de indicadores:

- % Consecución de objetivos.
- % Incidencias con proveedores.
- % Productos fabricados defectuosos.
- % Trabajos entregados fuera de plazo.
- % Reclamaciones de clientes.

A continuación, se muestra un ejemplo de ficha para el seguimiento de indicadores, se muestra ficha para un indicador que mide el proceso comercial:

Función	Seguimiento comercial
Fuente de medida	Registro de ofertas presentadas
Metodología	nº ofertas aceptadas / nº ofertas presentadas
Resp. de medición	Administración / Dirección
Frecuencia de medida y análisis	Trimestral
Valor umbral	10%
Medición, análisis y evaluación de los resultados obtenidos	Se toma de referencia el registro de ofertas en el programa de gestión.

Índice de ofertas aceptadas del total presentadas													
Ofertas aceptadas	xxx												
Ofertas presentadas	xxx												
Medición (%)	xx%												
Pto. crítico	10%												
Fecha	dic-XX	mar-XX	jun-XX	sep-XX	dic-XX								

B. De igual modo, la organización debe realizar el seguimiento de las percepciones de los clientes, en el grado que se cumplen sus expectativas y necesidades.

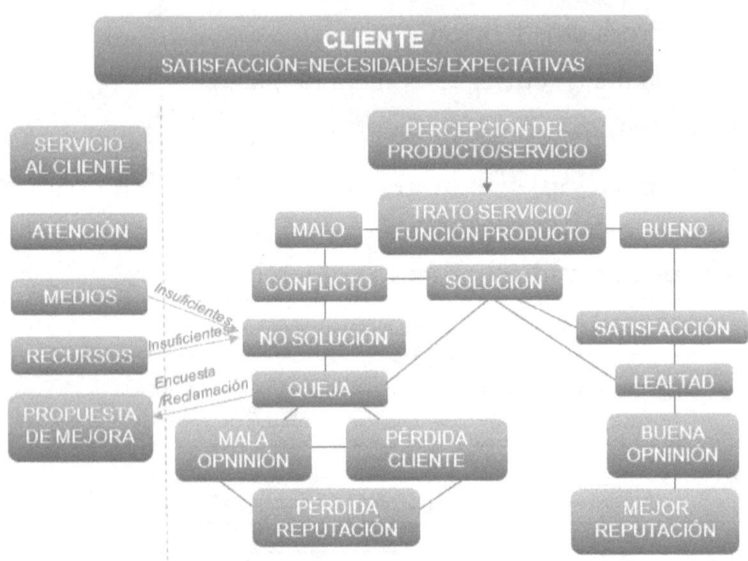

Dicho seguimiento, estará relacionado con su satisfacción, sus quejas, necesidades... Para ello la organización determinará la metodología a emplear para obtener dicha información.

Como se puede observar en el diagrama de arriba, una mala atención o un mal producto influirá en la satisfacción del cliente, pero también nuestros medios y recursos pueden ser decisivos, por lo que es importante cuidar todos los factores que influyan en la satisfacción y necesidades del cliente.

Tal y como se muestra en la norma ISO 9001:2015, hay que tener en cuenta a los clientes en todas sus variantes.

La parte de **satisfacción del cliente es una parte muy importante**, para conocer las **posibilidades de mejora respecto al producto o servicio**, de mano del consumidor final.

Algunas de las herramientas que tenemos para medir estos datos pueden ser las comunicaciones externas, encuestas de satisfacción, reclamaciones de los clientes, felicitaciones, reuniones…, entre otras.

Una de las metodologías más extendidas para llevar a cabo la medición de la satisfacción de los clientes es: la encuesta, al ser un método objetivo y de fácil ejecución y medición. A continuación, se muestra un ejemplo de encuesta:

Auditorías internas: Una vez **implantado el SGC, se revisa y analiza** para asegurarse de su buen funcionamiento y mantenimiento, obteniendo la información sobre el buen desarrollo del sistema.

Las auditorías internas, se realizarán de igual modo en intervalos planificados. Para planificar dicha auditoría se elaborará un programa de auditoría.

La selección de los auditores es un punto importante que hay que tener en cuenta, ya que se debe asegurar la objetividad y la imparcialidad del mismo en los procesos auditados.

Durante la auditoria interna, se comprueba que el Sistema de Gestión de Calidad es conforme a los requisitos propios de la organización, así como los propios de la norma de referencia. Se puede considerar la prueba práctica que hay que superar, antes de la auditoría de certificación.

Revisión por parte de la dirección: Dispondrá de la información derivada del análisis del funcionamiento del SGC, además de asegurar que tanto el sistema implantado como las oportunidades de mejora previstas, siguen en línea con la política de la organización. Dichas revisiones se realizan por la alta dirección a intervalos planificados.

En la norma ISO 9001:2015, se define claramente los elementos de entrada y salida que toda organización debe tener en cuenta para la realización de la Revisión por la dirección.

Dichos procesos, tanto la auditoría interna como la revisión por parte de la dirección quedarán documentadas para comprobar los resultados y mostrar evidencias de su realización.

PASO 10. Mejora. No conformidades, acciones correctivas y de mejora

La organización debe trabajar en su empeño de **mejora continua, basado en el enfoque a procesos, para una detección más efectiva de los riesgos y oportunidades** que ayude a la continuidad de la organización, teniendo en cuenta tanto los factores internos como externos.

Por ello la organización debe establecer las oportunidades de mejora, así como implementar las acciones necesarias.

Si se materializa una no conformidad. Entendiendo esta como el incumplimiento de los requisitos. Pueden ser requisitos propios de la organización o los propios de la norma de referencia, en este caso hacemos mención a la norma 9001. La organización debe establecer acciones correctivas para eliminar la causa o causas de la no conformidad con objeto de prevenir que vuelva a ocurrir.

La organización debe conservar las evidencias de la no conformidad, las acciones propuestas y el seguimiento de las mismas.

Como se puede ver durante todo el proceso de implantación, la labor del consultor es de una implicación total en cada paso llevado a cabo, porque además de asesorar, su labor se implica en un proyecto de la organización. Al igual que nosotros, pondrá todo de su parte para hacer los cambios estrictamente necesarios, aportando valor añadido, evitando papeleos que dificulten su labor y la nuestra.

El consultor no es un taxista, que pone en marcha el taxímetro, y le da igual el cómo y cuándo lleguemos. Nuestro consultor viaja en el mismo asiento que nosotros y tratará de salvar cualquier bache que se encuentre por el camino, buscando el camino más seguro y rápido.

Llega la auditoría de certificación ¿Qué va a pasar?

 Después de todo el esfuerzo en la implantación del sistema de gestión de calidad llega el día en que otros (los auditores de la entidad de certificación elegida) valoren las gestiones que ha realizado la organización.

No es cuestión de quitarle hierro al asunto, ya que es un momento muy importante, pero si disponemos de toda la información sabremos por dónde van a ir los derroteros de esta auditoría.

Lo primero es fijarse en la diferenciación conceptual de una auditoría de certificación, dado que ésta la hacemos de manera totalmente voluntaria, totalmente preparados, por lo que no debe suponer ningún miedo o temor. Este carácter de obligatoriedad sí se da en una auditoría Legal, donde las implicaciones son totalmente diferentes y puede llevar a una sanción en caso de incumplimiento, mientras que la de certificación consistiría en la no consecución del certificado.

La situación: Llega la auditoría y normalmente lo que pasa, y más la primera vez, es que los días anteriores a la auditoría tienes revolucionado al personal de la empresa.

Durante meses has estado preparando documentación, hablando con los empleados, revisando como trabajan tus proveedores... y los días anteriores a la auditoría te esfuerzas en tenerlo todo preparado y procurar que la oficina esté los más bonita posible. En definitiva, intentar que todo esté listo y que nada falle.

La figura del auditor, impone. La realidad afortunadamente es mucho más amable. Normalmente los auditores son personas que quieren entender cómo funciona tu empresa para verificar que cumples con las obligaciones de la norma, y a la vez, realizar recomendaciones para mejorar la misma.

Tu aliado, piensa en el consultor como el hermano que te va a defender durante todo el proceso, ya que él sabe del esfuerzo realizado y tu éxito es el suyo también.

Este tipo de auditoría se denomina **auditoría a terceros**: realizada por la entidad certificadora elegida a la organización, con el fin de verificar que el sistema de gestión de calidad se ha implantado de acuerdo con los requisitos de la norma, con el fin de la obtención de la certificación. Este tipo de auditoría se subdivide en 3, según la obtención y mantenimiento del certificado:

- **Auditoría de certificación o auditoría inicial**, en la que se verifica que el SGC implantado cumple los requisitos marcados por la norma en cuestión que queramos certificar, en este caso, hablamos de ISO 9001. Esta auditoría se compone de Fase I y Fase II.

- **Auditorías de seguimiento**, de carácter anual donde se revisarán, entre otros, las mejoras o posibles no conformidades detectadas en la auditoría anterior y la subsanación y tratamiento de éstas.
- **Auditorías de recertificación**, para actualizar la certificación conseguida, pasados los 3 años.

> ℹ️ El certificado tiene **validez de 3 años**, realizándose auditorías anuales de seguimiento.

Existen dos tipos de auditorías que se pueden derivar de la auditoría de certificación:

- **Auditoría de adecuación,** para empresas que ya obtuvieron su certificación y han adaptado la nueva versión de la norma a su sistema de gestión de calidad.
- **Auditoría extraordinaria**, se da cuando la auditoría de certificación no se ha superado debido a varias no conformidades mayores o debido a un análisis inicial general negativo.

A continuación, vamos a explicar las dos fases de la **auditoría de certificación**, para que podamos estar bien preparados y los nervios desaparezcan, o al menos se reduzcan.

Fase I. Toma de contacto

La Fase I de la auditoría suele comenzar hablándole al auditor sobre tu empresa. Es normal que no la conozca y que debamos explicarle a que se dedica la empresa para que pueda entender mejor el Sistema de Gestión que va a revisar.

A partir de aquí comenzará a pedir información documentada para revisarla y comprobar que se cumple con los puntos de la norma de referencia.

La primera es una fase más documental, donde el auditor se hará una idea del tamaño de la organización, el alcance y la norma en la que nos queremos certificar.

También se trasladará hasta las instalaciones de la empresa, para verificar que se ha llevado a cabo la implantación del Sistema de Gestión en cada centro que se vaya a certificar, y que existen evidencias conformes suficientes para poder llevar a cabo la Fase II, haciendo un análisis de la información documentada y las evidencias presentadas.

Cuestiones que revisa la figura del auditor en esta primera fase:

- Ubicación geográfica y contexto de la empresa, sector de actuación.
- Determina el alcance del sistema de gestión de calidad, sus procesos y ubicación de éstos.
- Entrevista a los miembros de la organización que considere, detectando el nivel de conocimientos sobre el sistema de gestión de calidad, de cara a la segunda visita de evaluación.
- Define aquellos aspectos legales que afectan a la organización y al ámbito que quieren certificar, determinando el alcance de la misma (legislación sobre medioambiente, ley de protección de datos…, además de aquellos aspectos específicos del sector).
- Estudia el SGC para plantear cuestiones en la segunda visita,
- Consulta los resultados de las auditorías internas y revisiones de la dirección.

El auditor nos informará de los resultados de esta primera visita. El tiempo hasta la siguiente visita será el suficiente, para dar tiempo a que se corrijan las carencias detectadas en la primera fase. Hallazgos críticos (pueden derivar en no conformidades mayores en la fase II) y no críticos (pueden derivar en no conformidades menores u observaciones en la fase II).

Ya está, estamos listos para la fase II de la auditoría inicial.

Fase II

La Fase II, en esta fase obtendremos el resultado final de la auditoría de certificación. Su duración depende del tamaño de la organización, el alcance, y las normas a certificar.

Esta fase es un poco más entretenida. Posiblemente el auditor querrá hablar con varias personas de la empresa para conocer cómo trabajan. Cuando comentas esto al personal de la empresa sueles oír cosas como "A mí que no me pregunte el auditor que me pongo muy nervioso y no voy a saber responder ni cómo me llamo", por ello conviene tranquilizarles y explicarles que el auditor no es un ogro que viene a hacernos quedar mal delante de nuestros jefes, es simplemente una persona que está trabajando al igual que nosotros y que, entre otras cosas, pretende ayudarnos.

El auditor evaluará las áreas suficientes para determinar que el sistema de gestión está bien integrado y funciona correctamente, a través de la información y las evidencias recogidas durante ambas visitas, decidirá si la organización trabaja acorde con la norma en la que nos queremos certificar, así como los propios requisitos que la organización determina, entre otros.

También se entrevista con el personal de la empresa, para determinar si el sistema de gestión se usa y se entiende, en definitiva, que se trabaja conforme al modelo implantado.

Es importante tener en cuenta los siguientes puntos para la segunda fase:

- Información documental y evidencias que verifiquen el funcionamiento según establece la norma.
- Hacer un análisis y seguimiento de los objetivos y su relación con la política de la empresa, los requisitos legales, así como las competencias y responsabilidades del personal.
- Tener a mano las evaluaciones del desempeño, así como los resultados de las auditorías internas.
- Implicación y responsabilidad de la dirección en el proceso.

Tras las comprobaciones y análisis realizados, el auditor comunica el resultado de la auditoría, las posibles mejoras y las no conformidades detectadas.

Se han detectado *No Conformidades*. ¿Qué hago?

Una no-conformidad es el incumplimiento de uno o varios requisitos, ya sean legales, requisitos de la norma o del Sistema de Gestión de la calidad de la empresa. Ésta puede darse por el resultado de una auditoría, ya sea interna o de certificación, por detección de la propia empresa o por una queja de un cliente.

En relación con las no-conformidades generadas por la auditoría de certificación:

Durante la primera fase, el auditor nos puede orientar sobre las áreas que pueden estar más "verdes" en la implantación del sistema de gestión a través de sus observaciones, por lo que tendremos la oportunidad de mejorarlas antes de la segunda fase de la auditoría, para evitar las temidas no-conformidades.

Durante la segunda fase, es donde se definen las posibles no-conformidades, que pueden ser de dos tipos:

- **No-conformidad o no-conformidad menor**: Se realizarán las acciones correctivas y su seguimiento para su revisión en la auditoría de seguimiento. Tendremos el plazo de 1 año para ejecutar las mejoras necesarias y verificar que funcionan correctamente. No obstante, al auditor se le comunicarán en el plazo establecido, el plan de acción, es decir, las acciones correctivas planificadas por la empresa.
En este caso no se acaba el mundo, tendremos nuestro certificado. Si en la auditoría de seguimiento esa no-conformidad no se ha subsanado, ésta se puede convertir en una **no-conformidad mayor**, que explicamos a continuación.
- **No-conformidad mayor**: Éstas se dan en casos extremos. Se dan en cuestiones que amenazan el buen funcionamiento del sistema de gestión, incluso en la calidad del producto o servicio que la organización

esté ofreciendo al cliente o parte interesada final.

Tras la auditoría de certificación, el auditor da un plazo de 30 días para subsanarlo y enviar el plan de acciones correctivas propuestas, así como las evidencias que determinan que dicha no-conformidad se ha solucionado.

En el caso de detectarse no conformidades, ya sean mayores o menores, la empresa envía el plan de acciones y las evidencias de resolución. En el caso de no-conformidades mayores el auditor confirmará la recepción y conformidad de dicho plan de acciones correctivas (PAC).

En el informe de auditoría, el auditor también puede dar apreciaciones respecto del funcionamiento del Sistema de Gestión, que no llegan a ser no-conformidades, pero pueden suponer una oportunidad de mejora:

- **Observaciones**: El auditor puede observar que un área o proceso tiene puntos débiles que pueden convertirse en no-conformidades más adelante, por lo que nos avisa de la situación para poner la atención en ello o solucionarlo si es necesario.

- **Recomendaciones**: Son consejos de un profesional, el auditor ha auditado empresas de nuestro sector, por lo que puede ayudarnos, aparte de para cumplir los requisitos de la norma, a mejorar algún aspecto.

Tras la auditoría, el auditor dejará una copia del informe a la Dirección de la empresa.

Seguidamente, tras recibir, en el plazo establecido, el plan de acciones propuesto por la empresa (en caso de haberse detectado no conformidades), enviará el expediente de auditoría (informe de auditoría + PAC) al comité de revisión de la entidad de certificación. El expediente completo se revisa nuevamente y, finalmente, se determinará la conformidad para la emisión del tan esperado Certificado.

Manual de resolución de problemas

Hay que pensar que una no-conformidad no supone el fin de nuestra certificación, ni mucho menos. Este tipo de contratiempos nos va a ayudar a detectar errores, para mejorar el proceso o cuestión concreta, evitando futuros problemas y mejorando nuestro sistema de gestión.

Para poder afrontar una NO-CONFORMIDAD os damos las siguientes claves:

1. **Detectar la no conformidad:** Lo primero es ponerse en acción, cuando se genera una no conformidad la organización tiene que reaccionar cuanto antes para detectar las causas y corregirlas, teniendo en cuenta, también, los efectos y consecuencias que haya causado dicha no-conformidad, por eso es importante actuar cuanto antes.

2. **Investigar las causas**: Para detectar esa no conformidad y su alcance, analizaremos las causas que

la han generado. Para ello podemos usar un diagrama causa–efecto o diagrama de pez, donde podremos ver el origen del problema y los efectos que ha generado, analizando sus causas y subcausas, determinando el alcance de dicho problema. También se considera importante evaluar si dicha no conformidad se ha producido más veces, o de forma similar.

3. **Análisis de acciones: Correcciones y acciones correctivas:** Desde la organización no queremos que vuelvan a surgir estas no conformidades, por lo que trataremos de eliminar las causas que lo generaron. Una vez estudiadas las causas podremos decidir las medidas que hay que adoptar. Para solucionar la no-conformidad, se pueden tomar dos tipos de acciones:

   - Corrección: acción que se toma de manera inmediata para solucionar la situación generada por la no conformidad.

   - Acción correctiva: acción que se toma para eliminar la causa que ha generado esa no conformidad, evitando que vuelva a repetirse o se produzca en otros procesos similares.

4. **Implantar la acción**: Dentro de la propia no-conformidad se definen los responsables y los plazos para la subsanación, además de la persona que revisará el resultado de las acciones llevadas a cabo.

5. **Reacción y evolución de las acciones**: Una vez que se han tomado las acciones pertinentes, analizaremos los resultados para saber si han dado solución a la no-conformidad. En caso de que no se solucione,

volveremos a plantear nuevas acciones correctivas y se volverán a revisar.

6. **Cierre de la no-conformidad**: A la hora de cerrar una no-conformidad, tenemos que verificar que se ha solventado. En estos casos, se comunican las evidencias de dichas acciones al auditor.

Todo el proceso debe estar documentado para disponer de las evidencias de la no-conformidad, así como las acciones correctivas llevadas a cabo para su subsanación. También como herramienta para la empresa, en caso de suceder alguna no-conformidad similar.

Pongamos un ejemplo práctico: Tenemos una oficina con varias salas de reuniones, cuyos horarios se controlan por agenda:

- Un día disponemos de una sala sin avisar a la persona responsable de las salas y la agenda. Esto podría suponer una incidencia, sin mayor importancia que el no haber avisado a la persona responsable.

- Pero resulta que ese día esa sala la necesitaba otro departamento para reunirse con un cliente muy importante y no pueden disponer de ella. Este hecho pasa de incidencia a no conformidad, ya que es un error que ha generado un problema interno en un proceso, y que, a su vez, ha afectado a la atención al cliente.

- Aquí se identifica el proceso como el funcionamiento de reserva de salas para su uso, la persona encargada y la forma de solicitud de las salas para su uso, así como el registro de uso en una agenda.

En cuanto al formato de la no-conformidad:

La descripción es muy importante, ya que nos permitirá estudiar las causas para llegar a establecer la corrección y acciones correctivas para tratar el problema.

A continuación, se puede ver una plantilla con la no-conformidad comentada, aunque no hay una formula definida, sí tiene que aclarar el problema, definir en qué área o proceso se ha producido el problema, además de definir cuál es el requisito que no se está cumpliendo.

También es muy importante el registro de las no conformidades, para solventar futuros problemas similares, donde conste el análisis, acciones correctivas y seguimiento de su cierre.

FECHA: 1/3/2017	Nº 1

DESCRIPCIÓN DE LA NO CONFORMIDAD

Uso no autorizado de sala, sin registrar en la agenda y alterando la cita prevista en sala con un cliente.

CAUSAS DE LA NO CONFORMIDAD

No se cumplimentó la solicitud previa de la sala.

Detectada por: Responsable de sala   Fecha: 28/02/2017

ACCIÓN INMEDIATA:

Ubicación en la primera sala que se quede disponible, acelerando la reunión en sala no autorizada.

Llevada a cabo por: Responsable de sala

¿Se abre acción correctiva/acción mejora?   Si   NO

SI

Responsable de ejecución Responsable de Sala	Plazo de Ejecución 1 mes	Fecha de cierre 1/04/2017

Acción correctiva: Si	Acción de mejora:

ACCIONES CORRECTIVAS/ACCIÓN MEJORA A LLEVAR A CABO

A partir de ahora cualquier persona que quiera una sala debe avisar 24h antes de dicha reunión al responsable de salas, para agendar la disponibilidad de salas, optimizando su uso y evitando un colapso de las salas a ciertas horas.

SEGUIMIENTO Y VERIFICACIÓN:

El responsable de sala hará seguimiento de la demanda de salas y los horarios más solicitados, para detectar operatividad de las salas.

Responsable de Calidad   Fecha: 31/03/2017

Cierre: Responsable de Dirección

Se comprueba que se cumple con la sistemática establecida por parte de todo el personal y no se ha vuelto a producir colapso en las salas. Se considera que la acción ha sido eficaz.

Fecha: 01/04/2017

Oportunidades de mejora o acciones de mejora

El sistema de gestión de la calidad tiene un enfoque basado en riesgos, lo que define aquellos procesos susceptibles de sufrir cualquier tipo de contratiempo y cómo solucionarlo, implementando una capacidad de respuesta que no genere no-conformidades.

Las propuestas de mejora tienen un carácter preventivo, como una vacuna ante cualquier eventualidad que afecte nuestra misión final, entre las que se encuentra, cubrir las necesidades y satisfacción del cliente.

Ahora bien, desde el planteamiento y estudio de las no-conformidades, también se pueden llegar a generar acciones de mejora para prevenir las no-conformidades, asegurando que no vuelva a ocurrir ni se dé en otros ámbitos similares.

Una vez que tenemos el diagnóstico, analizando el comportamiento del proceso afectado, para encontrar las posibles carencias, detectaremos qué procesos están influenciados por el problema y su alcance en el sistema. De esta forma podremos determinar sobre qué proceso hay que actuar, además de definir indicadores para analizar y hacer seguimiento del proceso.

Las **acciones de mejora** son como un **detector de problemas**, antes de que surjan a la superficie. Esta anticipación nos va a permitir estar preparados ante cualquier imprevisto.

Conclusión sobre las no-conformidades

El sistema de no-conformidades no trata de buscar culpables, no mira el polvo encima de los muebles con lupa, sino que trata de ayudar a que no se den errores que afecten a la organización y, si lo hacen, que el daño sea el mínimo.

Hay muchos aspectos positivos en la detección de las no-conformidades, por ejemplo:

- Una vez que se ha corregido el error, lograremos un método más depurado evitando que se vuelva a ocurrir. Este ejercicio nos "entrenará" para detectar otras no-conformidades que puedan surgir.
- Al generar un registro con el tratamiento de estas no-conformidades, cualquier persona tiene acceso a la solución.

- Al documentar una no-conformidad detectada por la propia empresa, demuestra ante el auditor el conocimiento del proceso de tratamiento y nuestra capacidad de respuesta.

Ya tengo mi certificado de Calidad

Ya tenemos nuestro certificado, tras las mejoras y esfuerzos, ¡lo hemos conseguido! Es el momento de sacar pecho y "presumir de certificado", pero ¿cómo se lo enseño a la gente?

Esto es como las fotos de los hijos, los clásicos las llevan en la cartera, los modernos en el móvil… Una vez que tenemos nuestra certificación, podremos usar el sello de la certificadora, acompañado del título del certificado obtenido, en múltiples formatos, facilitados por la entidad de certificación con la que nos hemos certificado.

La certificación viene avalada por dos marcas, por así decirlo:

- **Una marca de la entidad certificadora** que desarrolla la auditoría de certificación, dando su conformidad para la obtención del certificado. Es la marca que usaremos para enseñar al mundo que nuestro proceso o procesos, siguen los requisitos de calidad de la norma en la que nos hemos certificado.

- **Una marca de la entidad de acreditación** que da respaldo a la entidad certificadora, organismos como ENAC o UKAS, alegando que cumple todos los requisitos necesarios para emitir veredicto sobre el proceso de certificación, dándole mayor credibilidad tanto a la entidad que nos certifica, como al certificado en sí. La marca de acreditación aparece en el documento de certificación. Esta marca de acreditación no es usada por la organización, sino por la certificadora en sus propios documentos.

La marca hace referencia a la certificación del Sistema de Gestión, cuyo funcionamiento y composición ha seguido los requisitos que solicita la norma, pero esta certificación NO se refiere a los productos de la empresa certificada, son conceptos totalmente diferentes. Ejemplo: una empresa de juguetes certifica su sistema de comercialización de juguetes, pero puede que su producto sea defectuoso. El certificado hace mención a la adecuación de sus procesos definidos en el alcance, conforme a la norma de referencia, pero no hace mención a su producto.

¿Cómo puedo utilizarlo?

Podemos **incluir nuestro sello de certificación** en nuestras herramientas comerciales (web, documentación corporativa, folletos, productos de merchandising); documentación interna (facturas, albaranes), etc.

La certificadora autoriza el uso de su marca bajo unas normas que regulen el fin y los elementos publicitarios donde se use, para no caer en publicidad engañosa ante nuestro "alarde" de certificado.

¿Dónde puedo utilizarlo?

Siguiendo las normas de uso que nos indica la certificadora, podremos saber dónde podemos y dónde no podemos usar el "sello".

A continuación, os ofrecemos una guía sobre los usos de la marca más comunes:

> 👁 **¡OJO!**
> La única manera de reproducir la marca en los productos, es hacerlo en un embalaje secundario, que sirva para transportar y manipular el producto final de venta.

Dónde puedo poner la marca de certificación	SÍ PUEDO	NO PUEDO
PRODUCTOS	Embalaje secundario, que contenga las unidades de venta y nunca llegue al público.	En ningún caso se puede incluir en unidades de venta.
DOCUMENTOS	Si especifica centros certificados dentro del alcance.	Si hace referencia a la totalidad de la organización y hay centros sin certificar.
PAPELERÍA/MATERIAL PUBLICITARIO	En todo tipo de formatos: impresos, cartas, folletos, membretes…	No en referencias a productos, servicio u oficinas no incluidas en el alcance del certificado.
VEHÍCULOS	Asociado a la marca, según las indicaciones generales.	No en casos que la marca de certificación de sensación de estar certificando el coche en vez de la empresa.
EDIFICIOS/ FACHADAS/ ESCAPARATES	Centros incluidos en el alcance de la certificación.	En casos que la certificación no sea general, sino de un departamento concreto, sólo se podrá poner la marca en el edificio de ese departamento.
CARTELES PUBLICITARIOS	Siempre que sea de carácter general acompañado del nombre de la compañía.	En caso de que haga referencia a un producto o servicio, o centro en concreto.
SOPORTES INFORMÁTICOS	En material multimedia o páginas web, así como documentos digitales.	Si el alcance no abarca todos los centros o solo un departamento, no se puede usar la marca de forma genérica.

¿Cuándo puedo utilizarlo?

Una vez que obtenemos la certificación, ésta tendrá una validez de 3 años, con auditorías de seguimiento cada año. Por lo que, podríamos establecer un uso de 3 años, a no ser que la entidad certificadora nos retire el certificado por mal uso o auditoría de seguimiento negativa. Esta suspensión puede ser temporal o definitiva.

Nuestro afán de dejar reflejado en todos lados que tenemos nuestro certificado puede llevarnos a errores de este tipo.

> **💡 CONSEJO**
>
> Si tras nuestros consejos aún tienes dudas respecto al uso de la marca de Certificación, te recomendamos que lo consultes directamente con la entidad que os certificó.

¿Por qué debo utilizarlo?

Anteriormente hemos hablado de las ventajas de implantar un sistema de gestión, ventajas que nos darán mayor credibilidad en el mercado, además de las mejoras internas que ya hemos explicado.

Las razones para utilizar nuestro certificado son muy sencillas y similares:

- ¡Porque yo lo valgo! Hemos hecho un esfuerzo por conseguirlo y mantener un sistema de gestión de la calidad, que hace de nuestra empresa una organización comprometida con los estándares de la calidad y la mejora continua.

- Para diferenciarnos del resto de empresas del mercado.

- Para diferenciarnos en nuestro sector, de modo que proveedores y clientes sepan que trabajamos conforme a unos requisitos de calidad.

- Para que los trabajadores se sientan parte de una organización comprometida con los procesos de mejora y alimente su participación para mantenerlos.

- Se trata de una certificación que denota la excelencia en nuestros procesos certificados, con un reconocimiento a nivel mundial; por lo que debemos darle la importancia que tiene, tanto para divulgarlo como defenderlo y mantenerlo.

Conclusión

Esperamos que estas pinceladas sobre la calidad en general y los Sistemas de Gestión de la Calidad, en particular, ayuden y animen a pequeñas y medianas empresas, al igual que las grandes empresas, a implantar estos sistemas de mejora incrementando la calidad en un mercado que está en continuo desarrollo.

La sociedad tecnológica define perfectamente ese carácter de mejora continua, que responde a la evolución del conocimiento social y, con ello, el aumento de los requisitos de los ciudadanos que buscan grados de excelencia tanto en los productos que consumen, como en el servicio que solicitan.

Las certificaciones ayudan a que las empresas evolucionen en paralelo a la evolución socioeconómica, se regularice y no pierda "calidad" con respecto a la producción y un mercado global, que, junto con internet, acerca los mercados internacionales.

Los sistemas de certificación promueven la igualdad a nivel laboral, el compromiso social, ayuda a la sostenibilidad y respeto al medio ambiente, favorece el seguimiento y cumplimiento de los requerimientos legales de cada ámbito de actuación... El reflejo de los beneficios de este tipo de certificaciones es como un prisma que dibuja multitud de posibilidades y permite un desarrollo y mejora continua, por no decir instantánea.

Anexo I. Terminología

Vamos a introducir los términos más utilizados en cuestiones de calidad y certificación, de manera que nos empiecen a sonar y podamos entender la función de cada elemento que interviene en cada proceso.

- **Acción Correctiva:** esta acción interviene directamente sobre la causa de una no-conformidad o error detectado, para evitar que vuelva a suceder.

- **Alcance:** Límites de actuación de la certificación donde se establecen qué procesos y centros de la empresa, han sido objeto del proceso de certificación, definiendo los límites y validación de dicha certificación.

- **Auditoría:** Evaluación llevada a cabo, de manera imparcial, donde se verifica y comprueba que se cumplen ciertos requisitos y se siguen los criterios fijados.

- **Auditoría interna o auditoría de primera parte:** Se trata de una evaluación llevada a cabo por la propia empresa, para conocer que se siguen las directrices marcadas o para detectar posibles errores.

- **Auditoría de segunda parte:** Esta evaluación la realiza un cliente o proveedor para saber que se están cumpliendo sus exigencias.

- **Auditoría de tercera parte:** La realiza un agente totalmente externo, asegurando su imparcialidad. Este tipo de auditoría es el de la auditoría de certificación.

- **Alta dirección:** Persona o personas del más alto rango dentro de la organización que gestionan la empresa.

- **Calidad:** Cualidad que tiene un objeto o proceso para responder a las necesidades, cumpliendo unos requisitos o parámetros.

- **Calidad Total:** Se trata de una estrategia empresarial cuyo propósito es satisfacer las necesidades de las partes interesadas, revisando su sistema de gestión de la calidad a través de una mejora continua y las auto exigencias para llegar a la excelencia, es decir, no se queda en hacer bien las cosas, sino en ser el mejor en hacerlas.

- **Certificado de calidad:** documento que emite una entidad certificadora acreditada, tras la realización de una auditoría, que afirma que el Sistema de Gestión implantado cumple con lo establecido en una norma, garantizando la calidad y procesos de mejora de dicho Sistema.

- **Consultor:** Profesional, normalmente proveedor, que da servicio a una organización, ayudando a establecer una estrategia de calidad, implantando un sistema de gestión de calidad conforme a los requisitos de la norma a certificar, además de realizar el análisis y seguimiento a través de herramientas facilitadas a la organización, enfocadas a la mejora continua.

- **Contexto: Conjunto de elementos** externos e internos, que afectan a la organización, en el desempeño y cumplimiento de los procesos, conforme a los resultados marcados en su SGC.

- **Corrección:** Acción inmediata para solucionar una no conformidad detectada.

- **Especificación:** Documento que establece requisitos.
- **Incidencia:** Error que no influye en el funcionamiento del SGC, en el caso de que llegase a tener consecuencias en el sistema, se trataría como una "no- conformidad".
- **Indicadores**: Establecen los objetivos para medir y analizar los resultados, de modo que se tenga un control de los procesos o productos, detectando posibles errores a través de su función de diagnóstico.
- **Marca de certificación:** Logotipo de la empresa que ha realizado la auditoría de certificación, concediendo a la organización el certificado conforme a la norma implantada. Será este logotipo el que se usará, según las normas de uso marcadas por la entidad certificadora, para dejar constancia de dicha certificación.
- **Marca de acreditación:** Logotipo del organismo regulador que confiere la acreditación a la entidad certificadora, para que pueda operar como entidad certificadora acreditada. En España el organismo que confiere las acreditaciones es ENAC, pero las certificadoras pueden acreditarse con cualquier organismo, dado que tienen carácter internacional y están todas reguladas por IAF (Foro Internacional de Acreditación). Este logotipo solo aparece en el documento de certificación.
- **Mejora continua:** Actividad recurrente para mejorar el desempeño.
- **No-conformidad**: Incumplimiento de uno o varios requisitos, ya sean legales, requisitos de la norma o del Sistema de Gestión de la calidad de la empresa.

- **Parte interesada:** personas que intervienen o tienen intereses en la organización.

- **Política de calidad:** línea de actuación conforme a un pensamiento común de una organización, dictada por la dirección, en cuestiones de calidad.

- **Procedimiento:** detalla el modo de desarrollar una actividad o un proceso, al dejar constancia de cómo se tiene que realizar, cualquier persona podrá formarse o reciclarse en dicho conocimiento, por eso es importante tenerlo detallado por escrito.

- **Proceso:** Conjunto de actividades relacionas que utilizan las entradas para proporcionar un resultado previsto.

- **Producto:** el resultado final de los procesos llevados a cabo. El producto destinado al cliente puede ser material o inmaterial, servicio.

- **Proveedor:** proporciona el producto o servicio necesario para que la organización complete su producto o servicio final.

- **Registro:** documento donde se refleja una actividad y los resultados de ésta.

- **Requisito:** Necesidad o expectativa establecida, generalmente implícita u obligatoria. Estos pueden ser de carácter reglamentario o legal, cuyos requerimientos pueden venir del cliente, los reglamentos de una empresa, de una norma o incluso de las leyes que regulan el sector concreto.

- **Satisfacción del cliente:** Percepción del cliente sobre el grado de cumplimiento de sus expectativas. Las quejas son un indicador de baja satisfacción, pero la ausencia de ellas, no quiere decir necesariamente que el cliente esté muy satisfecho.

- **SGC: Sistema de Gestión de la Calidad:** es un conjunto de directrices, normas, códigos o modelos que tiene una organización y que determinan cómo se gestiona, produce, comercializa y presta servicio la empresa, cumpliendo, a su vez, los requisitos de la norma para operar conforme a unos criterios de calidad.

- **Ciclo PHVA (Planificar, Hacer, Verificar, Actuar):** Herramienta para determinar las acciones que debe recoger el sistema de gestión de calidad, para su análisis y control.

- **Oportunidad de mejora:** elemento de cambio que puede influir en la mejora de la calidad de la organización, se puede implementar en los procesos, en los recursos, el servicio… Para poder detectarlas es necesario entender el contexto de la organización, además del entorno del sector en general.

- **Verificación:** cotejar lo que se dice con hechos, respaldando cualquier afirmación con su respectiva evidencia. En un proceso de calidad, consiste en presentar las evidencias para mostrar que se cumple con los requisitos de la norma.

Patrocinio

Este libro está patrocinado por **ANEXIA TECNOLOGIAS S.L.U,** con la colaboración de los expertos del departamento de Anexia Consultoría.

Con más de 10 años de experiencia, hemos acompañado y ayudado a Pymes y grandes empresas, a crecer afrontando los nuevos retos tecnológicos y de certificación.

Contamos con un equipo multidisciplinar que ofrece dos líneas de negocio, uno orientado a dar soluciones tecnológicas y otro afrontando labores de consultoría empresarial.

En Anexia Consultoría estamos especializados en auditoría, consultoría y evaluación de procesos de gestión de la **Calidad, el Medioambiente, la Seguridad Alimentaria, Laboral y Tecnológica.**

Web: **www.anexia.es**
E-mail: **info@anexia.es**
Tfno.: **93 454 90 92**

EDITATUM

Libros para crecer

www.editatum.com

Nuestras colecciones

Guías para todos aquellos que deseen ampliar sus conocimientos sobre asuntos específicos, grandes personajes, épocas, culturas, religiones, etc., ofreciendo al lector una amplia y rica visión de cada una de las temáticas, accesibles a todos los lectores.

Guías para gestionar con éxito un negocio, vender un producto, servicio o causa o emprender. Pautas para dirigir un equipo de trabajo, crear una campaña de marketing o ejercer un estilo adecuado de liderazgo, etc.

Guías para optimizar la tecnología, aprender a escribir un blog de calidad, sacarle el máximo partido a tu móvil. Orientaciones para un buen posicionamiento SEO, para cautivar desde Facebook, Twitter, Instagram, etc.

Guías para crecer. Cómo crear un blog de calidad, conseguir un ascenso o desarrollar tus habilidades de comunicación. Herramientas para mantenerte motivado, enseñarte a decir NO o descubrirte las claves del éxito, etc.

Guías prácticas dirigidas a la salud y el bienestar. Cómo gestionar mejor tu tiempo, aprenderás a desconectar o adelgazar comiendo en la oficina. Estrategias para mantenerte joven, ofrecer tu mejor imagen y preservar tu salud física y mental, etc.

Guías prácticas para la vida doméstica. Consejos para evitar el cyberbulling, crear un huerto urbano o gestionar tus emociones. Orientaciones para decorar reciclando, cocinar para eventos o mantener entretenido a tu hijo, etc.

Guías ya publicadas

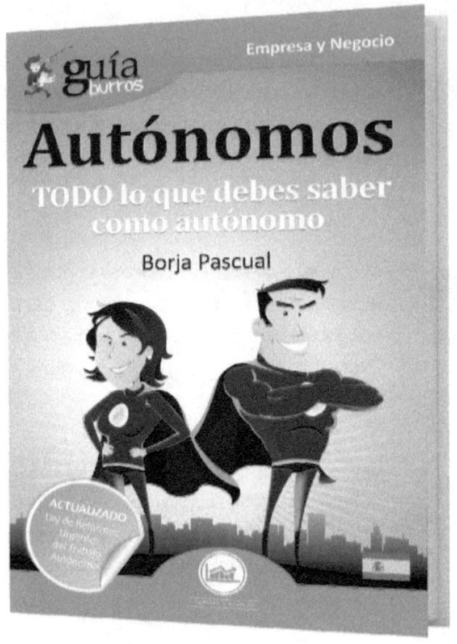

Una guía para conocer perfectamente como funciona el sistema de autónomos en España y saber gestionar nuestra actividad como autónomos dentro del marco legislativo español.

Autor: Borja Pascual

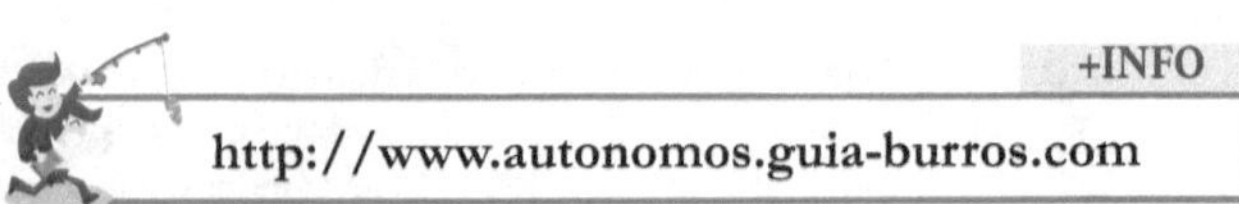

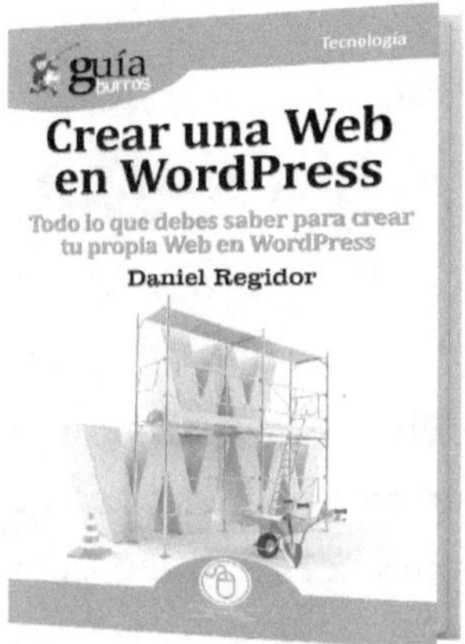

Una guía con todo lo que se debes saber para crear una web en WordPress, desde el proceso de instalación hasta la gestión de sus múltiples opciones.

Autor: Daniel Regidor

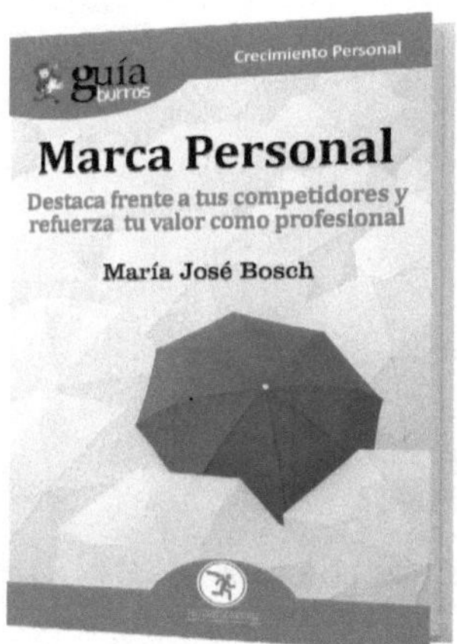

Una guía con todo lo que debes tener en cuenta para tu desarrollo personal, desde cómo hablar en medios de comunicación hasta estrategias para crecer en las redes sociales.

Autor: María José Bosch

Liderazgo

Una guía con todo lo que se debes saber para mejorar tu liderazgo, desde desarrollar habilidades para guiar equipos hasta las cualidades para ser un buen líder

- ¿Quiero ser un líder?
- ¿Un líder nace o se hace?
- ¿Por qué líderes?
- ¿Qué es el liderazgo?
- ¿Un jefe es un líder?
- ¿Es mejor ser líder que jefe?
- La credibilidad del líder
- La reputación del líder
- Conexión emocional con el líder
- El liderazgo social
- ¿Puedo ser un buen líder?
- ¿Cómo deben comunicar los líderes?
- La comunicación no verbal y los tres cerebros
- ¿Qué debe tener un buen líder?
- ¿Un líder debe ser una buena persona?
- Si no escuchas no lideras
- ¿Qué estilo prefieres?
- ¿Competencia o colaboración?

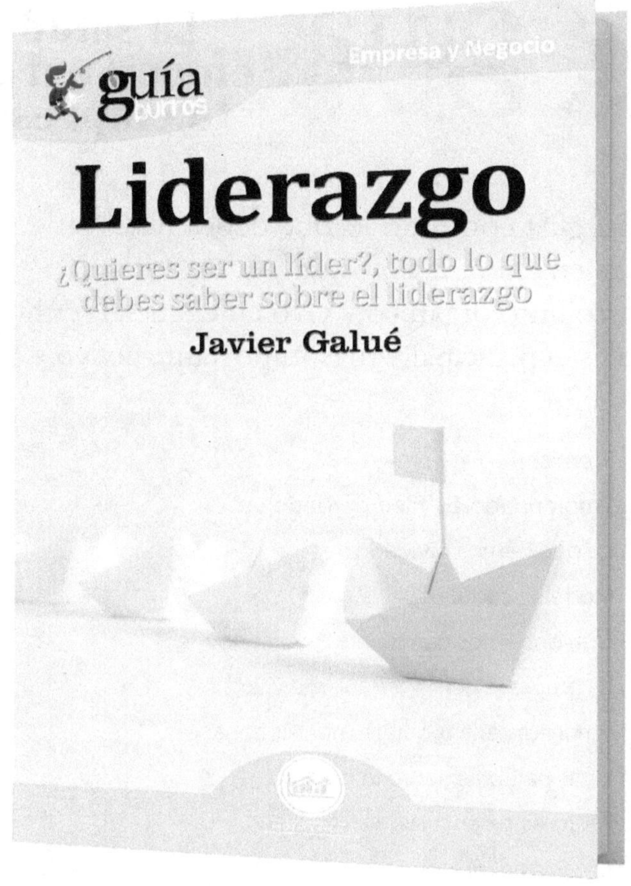

GuíaBurros Liderazgo es una guía básica con todo lo que debes saber para mejorar tu liderazgo

+INFO

http://www.liderazgo.guia-burros.com

La salud emocional en tu empresa

Una guía con todo lo que debes tener en cuenta para entender la empresa y la organización como un cojunto orgánico y vivo en el que el ser humano es el principal y más importante activo.

- Premisa
- Emprendedores y "emperdedores"
- Lo que hemos olvidado
- Modelos caducos
- Qué debemos cambiar de ayer a hoy
- La empresa como organismo vivo
- Empresa sana requiere mentes sanas
- Unas palabras sobre la mente
- Factores de análisis
- El valor del grupo
- El plano y los materiales
- El abordaje de los poblemas
- Planificación vs ejecución
- El liderazgo real
- Competencia y el secreto del vendedor
- Olvidadas virtudes
- Perder o ganar, ¿qué?

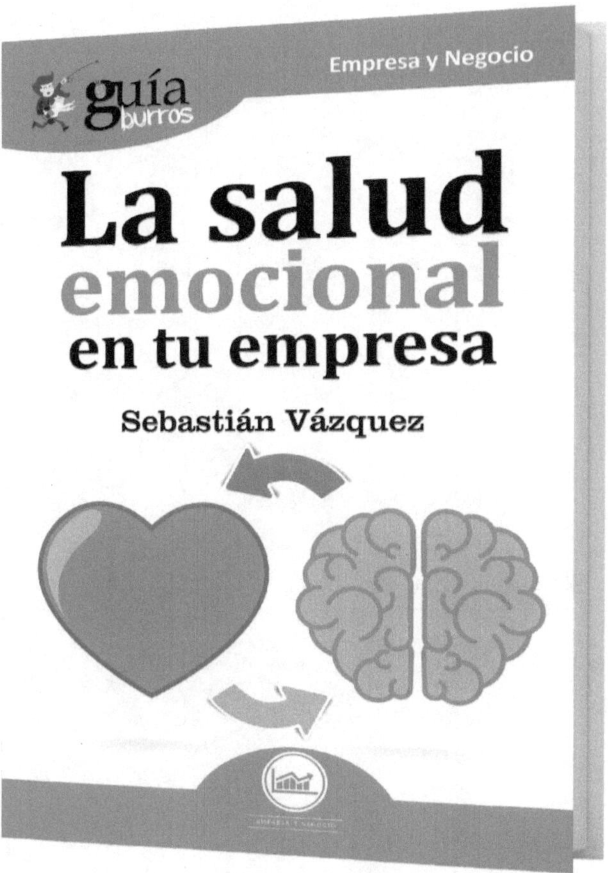

GuíaBurros La salud emocional en tu empresa es una guía básica con todo lo que debes saber para crear un buen clima laboral.